cabu

TOUJOURS AUSSI CONS!

Les dessins de cet album sont tous parus au cherche midi :

À bas toutes les armées n° 2, 1984
Rôti de beauf, 1985
Les Nouveaux Beaufs, 1992
Grossesse nerveuse, 1995
Duo à l'Élysée, 1998
Les Dessins les plus drôles, 2000
L'Étranger de Cabu, 2002
Sarko Circus, 2004
Démobilisation générale, 2009
Peut-on encore rire de tout ?, 2012
Dessins cruels, 2014

Également au cherche midi :

Les pensées de Francis Blanche, 1984, illustrées par Cabu
Les pensées de Pierre Dac, réédition 2015, illustrées par Cabu

Cabu

TOUJOURS AUSSI CONS !

Préface de Riss

COLLECTION
LA BIBLIOTHÈQUE DU DESSINATEUR

cherche midi

Vous aimez l'humour ? Inscrivez-vous à notre newsletter
pour suivre en avant-première toutes nos actualités :
www.cherche-midi.com

23, rue du Cherche-Midi 75006 Paris

TOUJOURS AUSSI

Cabu toujours aussi CABU

Cabu a tout dessiné, tout caricaturé.

Cabu était la référence de tous les caricaturistes. Quand un nouvel homme politique émergeait dans l'actualité, les autres dessinateurs de presse étaient curieux de voir comment Cabu allait le traiter. Ils attendaient de découvrir ce que le regard de Cabu avait remarqué et qui leur avait échappé. Ils attendaient l'œil de Cabu. Les centaines et centaines de caricatures qu'il a réalisées durant toutes ces années lui avaient donné une expérience sans comparaison dans l'art de croquer en quelques traits les visages les plus divers et les plus complexes.

Pour Cabu, le dessin de presse était un dessin vengeur, un dessin qui permettait de régler leur compte à ceux qui l'énervaient et le révoltaient. Un bon dessin ne vaut pas mieux qu'un long discours, mais il vaut toujours mieux qu'une bonne baffe dans la figure. Cabu le non-violent ne s'autorisait à exprimer ses colères et ses révoltes qu'avec son crayon. Voilà pourquoi son trait était si précis et ses caricatures si fines : une bonne caricature est celle qui révèle la personnalité véritable du sujet, ses tares, ses petitesses, ses bassesses. Quand il parvenait à transmettre cela, Cabu avait le sentiment d'avoir vengé le lecteur.

Durant des décennies, les têtes de Turc de Cabu se sont succédé au gré des aléas de l'actualité. En politique, à la télé, dans le show-business ou chez nos beaufs, Cabu a dessiné plusieurs générations de

personnalités qu'on peut regarder aujourd'hui comme on regarde un livre d'histoire : Léon Zitrone, de Gaulle, Pompidou, Guy Lux, Roger Hanin, Mitterrand, Chirac, PPDA, l'abbé Pierre, Kadhafi, les Bush ou Ben Laden. Même si beaucoup n'étaient pas honorables, tous eurent l'honneur d'être caricaturés par Cabu.

Pour réaliser un travail aussi colossal, tout commençait par des journaux. Cabu était un homme de presse. Dans son petit carton à dessin aux quatre coins racornis, il sortait des feuilles A4 pliées en deux sur lesquelles il avait noté les événements de la semaine qui l'avaient marqué, lus dans les journaux ou entendus à la radio. C'était le point de départ de tout dessin : consigner les faits d'actualité les plus significatifs, qui faisaient sens et méritaient d'être traités et maltraités. Pas de dessin réussi sans ce travail préalable méticuleux. Ensuite seulement, la fantaisie, la provocation, l'analyse politique de Cabu s'en emparaient.

Comment parler d'un événement d'actualité de manière originale quand on fait ça depuis 60 ans ? Cabu y parvenait toujours. Les hommes sont toujours les mêmes, aussi bornés, lâches, ridicules, prétentieux. Mais la manière de l'être se renouvelle sans arrêt, et Cabu savait identifier immédiatement la singularité de chacun de ces personnages publics. Un bon caricaturiste doit être non seulement un bon dessinateur et un bon journaliste, mais plus encore un bon psychologue.

Sur ses feuilles pliées s'entassaient des dizaines de petits croquis, comme des notes, qui étaient autant d'esquisses et de projets. La plupart donnaient naissance à un dessin offert aux lecteurs du *Canard enchaîné* ou de *Charlie Hebdo,* mais tous n'aboutissaient pas forcément, et ils resteront à jamais des embryons de gags dont seul Cabu avait la clé.

Riss
Dessinateur
et directeur de *Charlie Hebdo*

Toujours aussi
BEAUFS

LE MARASME

ENTRE BEAUFS...
...ON VA S'EMMERDER !
cabu

C'EST UN DRAME PASSIONNEL MONSIEUR LE PRÉSIDENT !
IL M'AVAIT TOUJOURS DIT : JE SUIS TELLEMENT JALOUX...
QUE JE TUERAI CELUI QUI TE TOUCHERA !
C'ÉTAIT IL Y A 25 ANS, MONSIEUR LE PRÉSIDENT
ET ALORS, VOTRE MARI A TUÉ PARCE QU'ON VOUS TOUCHAIT ?
NON !.. PARCE QU'ON TOUCHAIT À SA VOITURE !
cabu

NON À L'IMPÔT SUR LES GROSSES FORTUNES
ÇA DÉMOTIVE LES PAUVRES !
LOTO
LOTO
NON À L'ESSENCE SANS PLOMB
ÇA DÉMOTIVE MA DURITE !
ET J'AI LES MOYENS DE ME PAYER DU PLOMB !
NON À L'ARRÊT DE FABRICATION DES BOMBES AÉROSOL AU FRÉON
ÇA DÉMOTIVE MA MÉNAGÈRE !
NON À UNE INDUSTRIE DE PAIX...
ÇA DÉMOTIVE MON AGRESSIVITÉ !
IRAK
NON AUX CAPOTES ANGLAISES
ÇA DÉMOTIVE MON APPÉTIT SEXUEL !
VOIS-TU, PETIT, DANS L'HISTOIRE, IL Y A TOUJOURS EU QUELQUES HOMMES POUR DIRE NON
cabu

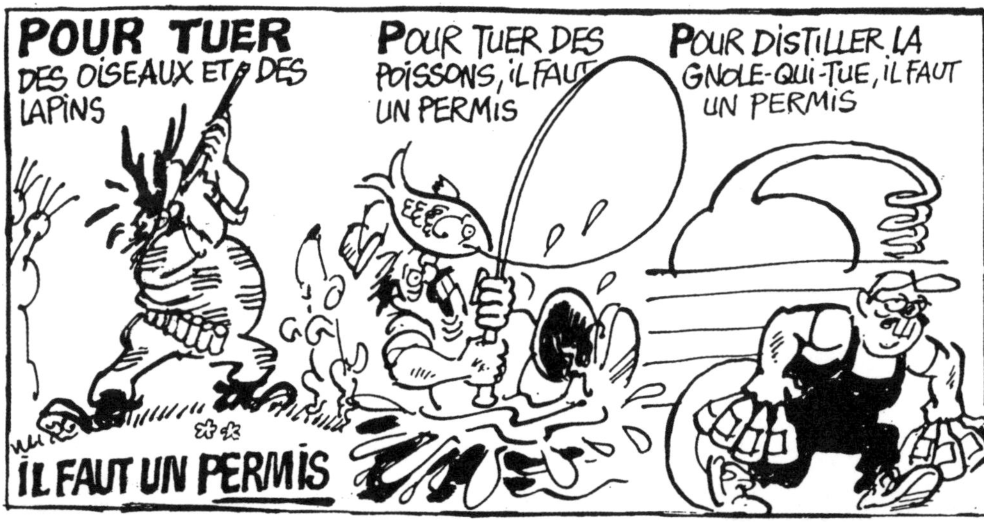
POUR TUER
DES OISEAUX ET DES LAPINS
IL FAUT UN PERMIS
POUR TUER DES POISSONS, IL FAUT UN PERMIS
POUR DISTILLER LA GNOLE-QUI-TUE, IL FAUT UN PERMIS

POUR PRENDRE L'AUTOROUTE À CONTRE-SENS ET TUER QUATRE PERSONNES, IL FAUT UN PERMIS
MÊME POUR ÇA, BIENTÔT VA FALLOIR UN PERMIS !
MAIS POUR VOTER, MAIS POUR TUER LA DÉMOCRATIE PAS BESOIN DE PERMIS !
MOI JE BRA-CONNE !

AUCUN DANGER!
CHEMERY
AUCUN DANGER!
CREYS-MALVILLE
AUCUN DANGER!
AUCUN DANGER!
BAGUE DANIELE GILBERT
AUCUN DANGER!
McDonald's
AUCUN DANGER!
AUCUN DANGER!
MURUROA!
J'AI TROUVÉ UN NOM POUR MON BISTROT!..
AUCUN DANGER
ET ÇA NE DÉSEMPLIT PAS!
...ET ICI, ON N'EST PAS OBLIGÉ DE CONSOMMER AVEC MODÉRATION!

AS-TU PROFITÉ DE TES VACANCES POUR TE RESSOURCER Ô MON FRÈRE ?
T'ES-TU RAPPROCHÉ DES CRÉATURES DE DIEU... LES PAUVRES, LES FAIBLES, LES PETITS, LES SANS-GRA-DES...
BOUGEZ PAS ! JE REVIENS !
VOUS M'AVEZ CONVAINCU !... AVEC TOUTE CETTE RACAILLE, JE VAIS CRÉER UNE MILICE !...
...DANS LE CAMPING !
cabu

LES HANDICAPÉS SONT VIRÉS DE PARTOUT...
DES CAMPINGS...
DES DISCOTHÈQUES
DES EMPLOIS ET DES LOGEMENTS ...
DES COMMISSARIATS...
ON NE NOUS RECONNAÎT MÊME PAS LE DROIT DE VENDRE DES SAVONNETTES
... SAUF À LA TÉLÉ !
PRÉSENTÉS PAR SABATIER, C'EST PAS PAREIL !
PUB
JUSQU'À CE QUE LES PUBLICITAIRES DÉCIDENT QU'ON NE VEND PAS ASSEZ DE SAVONNETTES ...
cabu

NON! LA TÉLÉVISION FRANÇAISE NE S'ADRESSE PAS À MON BAS-VENTRE!..
...MAIS À MON CŒUR... MAIS À MON INTELLIGENCE
MAGIC DERLICH
...À MA SENSIBILITÉ...
...À MA RÉFLEXION À MON ESPRIT CRITIQUE...
SIMPLEMENT, LE SAMEDI JE ME REPOSE LA TÊTE EN REGARDANT LE FILM PORNO...
JE T'AI DÉJA DIT DE METTRE TON PANTALON DE PYJAMA!

JE L'AI PRIS POUR UN PERDREAU !
JE L'AI PRIS POUR UN FAISAN !
JE L'AI PRIS POUR UN HIPPOPOTAME
AVANT, ON AVAIT DES CIRCONSTANCES ATTÉNUANTES
MAINTENANT, IL Y A LES NOUVEAUX GARDES-CHASSES.
ESPÈCES MENACÉES
AVEC EUX, ON N'A PLUS LE DROIT DE RIEN FAIRE
EN CAS DE BAVURE ON N'A PLUS BEAUCOUP D'EXCUSES...
JE L'AI PRIS POUR UN ÉCOLO !
Cabu

MOI, SI J'ÉTAIS PRÉSIDENT, JE T'INTERDIRAIS DE TRAVAILLER !
LA COMPAGNE DU PRÉSIDENT
cabu

HYPOCRITE COMME UN BEAUF ANGLAIS
ABRUTI COMME UN BEAUF BELGE
TRAÎTRE COMME UN BEAUF ITALIEN
ENNUYEUX COMME UN BEAUF SUÉDOIS
CYCLISTE COMME UN BEAUF HOLLANDAIS
MACHO COMME UN BEAUF GREC
OU COMME UN DANOIS...
BOURRÉ COMME UN BEAUF ALLEMAND
HYPOCRITE
ABRUTI
TRAÎTRE
ENNUYEUX
CYCLISTE
MACHO
BOURRÉ
MÉCHANT
SALE...
JE L'ÉTAIS DÉJA !
MÉCHANT COMME UN BEAUF ESPAGNOL
SALE COMME UN BEAUF PORTUGAIS
SANS OUBLIER LE PAVILLON DE COMPLAISANCE LUXEMBOURGEOIS
JE NE VOIS PAS CE QUE L'EUROPE PEUT M'APPORTER !

TUNIS ANNULÉ
LE CAIRE ANNULÉ
ANNULÉ
LES ARABES GÂCHENT NOS VACANCES
MANQUERAIT PLUS QUE LES BRETONS DEMANDENT LEUR INDÉPENDANCE !
PARIS
cabu

RETOUR DE VACANCES

Bar
50 EUROS LE CERTIFICAT D'HÉBERGEMENT POUR 10 MINUTES ?
...VOUS PROFITEZ DE LA SITUATION !
Cabu

Toujours aussi RACISTES

ÇA M' SUFFIT
ÇA LEUR SUFFIT
cabu

MOI, JE BOUFFE DE L'ARABE...
...MÊME PENDANT LE RAMADAN !
cabu

ENRICHISSONS-NOUS DE NOS DIFFÉRENCES
T'ES TROP PAUVRE !
..MAIS RICHE DE NOTRE CULTURE !
NOUS, ON A AU MOINS 7 FAÇONS DE VOUS APPELER, VOUS LES FRANÇAIS...
...LES "ROUMS", LES "GAËLLOUZES", LES "GAULOIS", LES "CARTOUFLES", LES "PORTEFEUILLÉS" !..
MOI, JE CONNAIS AU MOINS 50 FAÇONS DE DIRE "BOUGNOULE" !!
ALORS, HEIN ! ON N'A PAS DE LEÇONS À RECEVOIR DE TA "CULTURE" !
Cabu

QUAND JE VOTAIS DE GAULLE, ON ME TRAITAIT DE "GODILLOT"!..
QUAND JE VOTAIS COCO, ON ME TRAITAIT DE BOLCHO, DE FACHO, DE SALAUD...
L'Humanité
MAINTENANT QUE JE VOTE LE PEN, ON ME TROUVE PLEIN D'EXCUSES...
L'ÉLECTEUR DU FRONT NATIONAL NOUS INTERPELLE, NOUS LA CLASSE POLITIQUE ET JE L'EN REMERCIE
IL NOUS LANCE UN CRI, CELUI DE L'ANGOISSE EXISTENTIELLE DE L'HOMME FACE À LA DÉCADENCE ET...
D'AILLEURS NOUS AVONS LES MÊMES VALEURS...
JE VAIS EN PROFITER POUR ÉCRASER UN ARABE!..
...JE SERAI REMBOURSÉ PAR LA SÉCURITÉ SOCIALE!

JE N'AI PAS DÉCLARÉ MA TÉLÉ...
JE N'AI PAS DÉCLARÉ MES FLINGUES...
JE N'AI PAS DÉCLARÉ MON ALAMBIC...
JE N'AI PAS DÉCLARÉ MES REVENUS...
COMPTE SUISSE
...MAIS JE VAIS DÉCLARER L'ÉTRANGER REÇU PAR MON VOISIN !
cabu

EDF A FAIT VENIR DES DÉPANNEURS DES DOM-TOM EN RENFORT

ALORS, LES VACANCES ?
ON VA EN TUNISIE, COMME CHAQUE ANNÉE... LÀ-BAS LES GENS SONT GENTILS !
ALORS ? LA FAMILLE ?
M'EN PARLEZ PAS ! J'AI DEUX GRANDS DE 25 ANS QUI VEULENT PAS QUITTER LA MAISON !
ALORS, LE JARDIN ?
J'AI TROUVÉ UN JARDINIER MAROCAIN QUE JE PAYE TROIS FOIS RIEN !
ALORS, LE CHÔMAGE ?
ÇA N'A PAS DURÉ LONGTEMPS : EN TANT QU'ANCIEN ADJUDANT, J'AI ÉTÉ EMBAUCHÉ COMME CHEF DU PERSONNEL AU MAC-DO !
ET VOTEZ BIEN AUX ÉLECTIONS !...
ALORS PAS DE CONSIGNE, MAIS VOTONS POUR CELUI QUI NOUS DÉBARRASSERA DE L'IMMIGRATION !
ET QUI PROTÉGERA LA FAMILLE !

DES "ZEMMOUR" ON EN CONNAÎT PLEIN, SI ON DEVAIT LEUR CLOUER LE BEC, ON N'EN FINIRAIT PAS...
SALUT LES MELONS ! C'EST "SIDI BEN BASCULANTE" !
SALUT ! BEN À ORDURES !
ALLEZ TIENS ! JE PAYE MA TOURNÉE ! ENCORE UN QUE LES SARRASINS N'AURONT PAS !
VOUS ÊTES TOUS INVITÉS AU MÉCHOUI DES ANCIENS D'ALGÉRIE...
...Y AURA DE LA MOUKÈRE ET DE LA GÉGÈNE !
ET ON EMMERDE LE "POLITIQUEMENT CORRECT"
BON ! FAUT QUE JE RENTRE... MA FATMA SE MEURT D'AMOUR SANS MOI !
ALORS, POUPÉE, HEUREUSE ?
AH NON ! C'EST DU TRAVAIL D'ARABE, ÇA !
cabu

GENDARMERIE
ALLÔ ROBERT ? VÉRIFIE UN PEU SI LE DÉNOMMÉ MOHAMED EST BIEN UN RESCAPÉ DE LA NUIT DU 17 OCTOBRE 1961 AU PONT ST-MICHEL..
Cabu

– Pizza du chef ! C'est qui vot' chef ?

AUX JARDINS D'ORAN
M'SIEUR, J'AI PARIÉ AVEC MON PÈRE QUE LES ARABES AVAIENT ...
INVENTÉ L'ALAMBIC !
C'EST VRAI !

L'ISLAM ENSEIGNE UN DEVOIR DE CONNAISSANCE. LES ARABES ONT INVENTÉ AUSSI L'ALGÈBRE ET L'ALCHIMIE !
À PROPOS, TU AS FINI TES DEVOIRS DE VACANCES ?
ÉLEVEZ LE DÉBAT, TIENS !

Y EN A QUI S'EN METTENT PLEIN LES POCHES !
Prix d'achat au Producteur
Prix de Vente au Consommateur
1F,40
14F
J'PEUX QUAND MÊME PAS M'EN PRENDRE À LA CAISSIÈRE DU SUPER-MARCHÉ !...
TANT PIS !...
... C'EST ENCORE L'ÉPICIER ARABE DU COIN ... QUI VA PRENDRE !!
cabu

OUVREZ LE DIMANCHE !
... POUR ACHETER UN PIÈGE À ROMS !
cabu

– Pour une fois qu'on pense à nous…

– Vite ! baisse le rideau !

TOMATE
PASTIS + GRENADINE
PERROQUET
PASTIS + SIROP MENTHE
MAURESQUE
PASTIS + SIROP D'ORGEAT
IL M'A COMMANDÉ UNE "MAURESQUE"...
...ÇA DOIT ÊTRE UN CLANDESTIN !
cabu

JE DÉCLARE AVOIR FAIT TRAVAILLER AU NOIR DES CLANDESTINS...
...VENEZ LES ARRÊTER AVANT QUE JE LES PAYE !
Cabu

DISCOTHÈQUE
NON
A.N.P.E.
NON!

CAFÉ
NON

PRISON
OUI

C'EST INTERDIT DE CAMPER ICI...
...EN CAS DE CRUE SUBITE DES BÉNITIERS !
GRÈVE DE LA FAIM
Cabu

T'AVANCES, PATATE ?
...MAIS C'EST PAS VRAI ! ...IL FREINE TOUT LE TEMPS !
ÉVIDEMMENT C'EST UN ARABE !
HEUREUSEMENT, ON VA DANS LE MIDI...
LÀ-BAS, C'EST LA FRANCE AUX FRANÇAIS !
ENCORE UN BOUCHON
ON SERA JAMAIS À NOTRE CAMPING AVANT CE SOIR !
VOTRE CAMPING EST REMPLACÉ PAR UN CENTRE DE RÉTENTION POUR ÉTRANGERS EN SITUATION IRRÉGULIÈRE...
ILS NOUS PRENNENT TOUT !

AVANT, JE VOTAIS P.C. MAIS ÇA PAYE PAS DE S'ATTAQUER AUX FORTS...
CONTRE LES EXPLOITEURS
ABATTONS LE GRAND CAPITAL !
...IL VAUT MIEUX S'ATTAQUER AUX PLUS FAIBLES... ET VOTER F.N.
CONTRE LES EXPLOITÉS
DEHORS BASANÉS !
UN NOUVEL ESPOIR SE LÈVE
MERCI JEAN-MARIE !
L'INTERNATIONA-A-LE DES BEAUFS SERA LE GENRE HUMAIN TSOIN TSOIN !
Cabu

BISON FUTÉ SERA-T-IL RECONDUIT À LA FRONTIÈRE ?

L'EFFET OBAMA

ÇA COMMENCE !

IMMIGRATION
GARDONS NOS CASERNES
SÉCURITÉ !
TRADITIONS
CHÔMAGE
MONDIALISATION !
COSMO POLITISME
FN
cabu
LAISSEZ TOMBER VOS PANCARTES ! LA MIENNE RÉSUME TOUT !

Toujours aussi FACHOS

RACISTE ! ANTISÉMITE ! XÉNOPHOBE !
JE N'AIME GUÈRE LES FLATTEURS...
...MON PETIT MONSIEUR !

Mes idées sont les vôtres
votez LE PEN
...JE LE CROYAIS PLUS INTELLIGENT QUE ÇA !
cabu

JE SUIS FRANÇAIS 100 %...
...J'AI UNE MOUSTACHE DE VIKING, C'EST BLOND, ÇA SE VOIT PAS !

SI HITLER
AVAIT GAGNÉ LA GUERRE:
ADOLF, DES SOUS !
cabu

"CES ÉTRANGERS QU'ON INVITE… ET QUI S'INSTALLENT CHEZ VOUS"…
cabu

"CES ÉTRANGERS QU'ON INVITE…
…ET QUI S'INSTALLENT CHEZ VOUS"
VOS GUEULES TAS DE CONS ! CE SONT NOS INVITÉS DES DROITES EUROPÉENNES !
cabu

CES SALAUDS QUI VOTENT LE PEN !
DITES DONC ! ON N'A PAS GARDÉ LES JUIFS ENSEMBLE !
cabu

VIENS LE DIRE ICI QU'ON EST D'EXTRÊME DROITE !
Cabu

QUE VEULENT LES MILITANTS DU FRONT NATIONAL?
NOUS VOULONS SORTIR LE SOIR SANS AVOIR PEUR!
LE PEN
LE PEN
LE PEN
cabu

JE VOUDRAIS RASSURER LES PERSONNES AGÉES VICTIMES DE L'INSÉCURITÉ...
cabu

« MON DIEU, DONNEZ-NOUS L'INSÉCURITÉ ! »
cabu
J'AVAIS DEMANDÉ À DIEU DE NOUS DONNER L'INSÉCURITÉ, ET C'EST LES IMMIGRÉS QUI NOUS L'ONT APPORTÉE !!

MÉTÈQUE
MÉTÈQUE
MÉTÈQUE
MÉTÈQUE
MÉTÈQUE
MÉTÈQUE
MÉTÈQUE
MÉTÈQUE
MÉTÈQUE
MÉTÈQUE
MÉTÈQUE
MÉTÈQUE
MÉTÈQUE
MÉTÈQUE
MÉTÈQUE
TF1
cabu
HEUREUSEMENT QUE J'AI MA FEUILLE DE MATCH... AVEC TOUS CES NOMS PAS FRANÇAIS...

NOS CHAMPIONS OLYMPIQUES "FRANÇAIS"...!!
... LE BARON DE COUBERTIN N'A PAS VOULU ÇA !
cabu

AVEC MOI, ÇA SERA PAS DU DÉTAIL ÇA SERA DU GROS !
ÇA Y EST ! IL A RECHUTÉ ! ... À LA DOUCHE !
cabu

FAITES UNE CROIX
NON ! PAS COMME ÇA !
cabu

DROIT DE VOTE À 18 ANS
POURQUOI PAS LES ARABES ALORS ?
cabu

LIBERTÉ · ÉGALITÉ · FRATERNITÉ
PLUS JAMAIS ÇA
RF
cabu

Moi je suis chômeur alors je vote Le Pen !
On vous trouve un boulot… mais vous ne votez pas pour Le Pen, hein ?
Moi j'habite un trou à rats alors je vote Le Pen
On vous trouve une piaule… mais vous ne votez pas Le Pen, d'accord ?
Moi alors je suis cocu je vote Le Pen
On vous trouve une nana mais vous ne votez pas Le Pen
Attention hein !.. pas une bronzée… sinon je vote Le Pen !
cabu

LES FRANÇAIS SONT-ILS DES SALAUDS ?
EN TOUT CAS, ON S'ENTEND BIEN !
cabu

DÉÇUS DU SARKOZYSME
DÉÇUS DU HOLLANDISME
HÔTESSE D'ACCUEIL
cabu

MOI, C'EST MOI
ET LUI, C'EST MOI !

UN PAPA DEUX MAMAS

NICOLAS
NYPD
NYPD
FN
cabu

PSTT... QUELLE EST CETTE DANSE D'ARABE ?
cabu

SI, IL Y A DES RÉSERVES DE VOIX DE DROITE !
cabu

À DROITE ! À DROITE !
PLUS À DROITE !
cabu

L'HOMME DE L'ANNÉE

MISS VRAIE FRANCE
MISS FRANCE
...ET NON PAS: "MISS RASTA-QUOUÈRE"...
cabu

LA WALKYRIE
50% DE MATIÈRE GRASSE
cabu

LES
DAMNÉS DE LA TERRE
VOTENT...
..."LES
DAMNÉS"
cabu

COMME EN ÉGYPTE, BIENTÔT VOUS DEVREZ CHOISIR
L'ARMÉE OU LES BARBUS.
cabu

Toujours aussi POLITI CARDS

MOI, JE SUIS LA CANDIDATE ANTI-SYSTÈME !
NON ! LE CANDIDAT ANTI-SYSTÈME C'EST MOI
LE PREMIER CANDIDAT ANTI-SYSTÈME, C'ÉTAIT MOI !

NON ! C'EST MOI, LE CANDIDAT ANTI-SYSTÈME !
JE VAIS VOUS METTRE TOUS D'ACCORD, C'EST MOI !
cabu

... et faux-culs

GISCARD CANDIDAT
Offensés humiliés, ce doigt vous est dédié !
cabu

NOUS RÉUSSIRONS UNE POLITIQUE DE GAUCHE...
... SI NOUS RÉUSSISSONS D'ABORD UNE POLITIQUE DE DROITE !
Cabu

NOUS DÉNONÇONS LE SECTARISME ET L'INTOLÉRANCE DE LA GAUCHE !
cabu

MITTERRAND
LE RASSEMBLEUR
TRAVAILLEUSES, TRAVAILLEURS, TRAVELOS...
...VOTEZ SOCIALO !
cabu

VIEUX RÉAC !
SALE GAUCHISTE !
cabu

JE NE VEUX PLUS VOIR TES TATOUAGES DE 1981 !
Ravachol
NI DIEU NI MAITRE
à bas la calotte
À BAS LES PATRONS
À BAS LES BUVEURS DE SANG
cabu

OUF ! JE NE SERAI DÉJÀ PAS GUILLOTINÉ !
PEINE DE MORT ABOLIE
Cabu

CARLA, C'EST DU SÉRIEUX !
GATTAZ, C'EST DU SÉRIEUX !
cabu

JE VOUS PROPOSE 35 HEURES PAR JOUR...
DIRECTEUR DES RESSOURCES HUMAINES
...PAYÉES 39 HEURES PAR SEMAINE !
cabu

... et démagos

SALON DE L'AGRICULTURE
SARKOZY FAIT SON APPRENTISSAGE
DE PRÉSIDENT-CANDIDAT

LE PRÉSIDENT SARKOZY A PERDU SA ROLEX
AU SALON DE L'AGRICULTURE…

SAUREZ-VOUS LA RETROUVER ?

SÉCURITÉ
LIBERTÉ
MOI, J'AI ENLEVÉ "LIBERTÉ" ET J'AI TOUT LE MONDE AVEC MOI !
SÉCURITÉ
cabu

POLICE LOCALE
POLICE MUNICIPALE
POLICE CANTONALE
POLICE RÉGIONALE
POLICE UNIVERSELLE

CONCHITA... VOUS IREZ AU MARCHÉ...
...SERRER LES MAINS À MA PLACE !
cabu

RAFFARIN CHANTE DU JOHNNY POUR SES AMIS...
Y A-T-IL QUÉQU'UN QUI M'AIMEUH CE SOIREUH ?
SARKOZY ÉCRIT DES LIVRES ET DES SCENARII
MANDEL
LECLERC
VIDOCQ
JEAN VALJE
MOI
...ET LE JARDIN SECRET DE ROSELYNE ?...
JE VAIS VOUS FAIRE "LA MORT DU CYGNE" EN PLEINE MARÉE NOIRE !
...ET MAM ?
...MAMDELON AU THÉÂTRE AUX ARMÉES ?...
...ET FRANCIS MER ?...
...POUR LE MOMENT, IL RECOPIE...
50
JE SUIS ENTOURÉ D'INTERMITTENTS DU SPECTACLE...
DONNEZ-MOI UNE RIME MASCULINE ET UNE RIME FÉMININE... ET JE VOUS FAIS UN PETIT QUATRAIN !
...MAIS ILS ONT LE BON GOÛT DE NE PAS ME RÉCLAMER L'ASSURANCE-CHÔMAGE !
FESTIVAL DE SABLÉ
cabu

… et traîtres

TOI AUSSI JE T'AI EU !
cabu

TATOUAGES
CE SERAIT POUR UN DÉTATOUAGE !
CHIRAC POUR LA VIE
cabu

JUPPÉ SACRIFIÉ SUR L'AUTEL
DU 2e TOUR DES ÉLECTIONS
LÉGISLATIVES DE 1997

LA RECOMPOSITION DU R.P.R.
(D'APRÈS "LE TRICHEUR À L'AS DE CARREAU" DE G. DE LA TOUR)
cabu

Cabu

– Qui m'aime me suive !

VAS-Y
JE TE COUVRE !
cabu

JE N'AI PLUS LES MOYENS D'AVOIR UNE AIDE À DOMICILE...
cabu

MOI... MONSIEUR 100.000 VOLTS !
MOI... MONSIEUR 100 000 VOLTE-FACE !
cabu

PAS BESOIN DE TEST ADN POUR VOIR QUE TOUS LES AUTRES SONT DES BÂTARDS...
CHARLES DE GAULLE
cabu

1974
VOTEZ CONTRE CHABAN
1981
VOTEZ CONTRE GISCARD
1994
CANTONALES
VOTEZ CONTRE BALLADUR
2034
VOTEZ CONTRE SARKOZY

LE TRAVAILLISTE

Les mémoires de Chirac
LA VENGEANCE DU VIEUX SUMO
TOME 1
cabu

LA DÉMOCRATIE C'EST LE PLURALISME
LE POMPIDOLIEN
LE THATCHÉRIEN
LE REAGANIEN
ODEURS
LE DÉLICAT
PSG
LE GUIGNOL
LE GOLDEN BOY
cabu

LE KAMA SOUTRA DE LA DROITE

TOUTES LES POSITIONS SONT PERMISES

AIR CHARTER
cabu

... et véreux

FAUX ÉLECTEURS, FAUSSES ÉLECTRICES...
cabu

INTOUCHABLE TANT QU'IL EST PRÉSIDENT
PRÉSIDENTIELLE DE 2002
VOTEZ POUR MOI
SINON
JE VAIS EN TAULE
cabu

À QUI REVIENDRA
LA MÉDAILLE D'OR
DU POT-DE-VIN
CETTE ANNÉE ?

cabu
VAR TERRE DE CONTRASTES

ROTARY-CLUB
SONT EXCUSÉS, CE SOIR, PLUSIEURS DE NOS CAMARADES... SOIT EN GARDE À VUE, SOIT EN PRÉVENTIVE...
cabu

À L'ÉTRANGER, J'EMMÈNE AVEC MOI CE QU'IL Y A DE MIEUX EN FRANCE...
cabu

CONTRE LE CUMUL DES MANDATS
CONTRE LE CUMUL DES PEINES

MON CLIENT PORTE EN LUI UN PEU DE LA POÉSIE ÉTERNELLE DE L'HOMME...

LES CESARS DES DESSOUS-DE-TABLE

– Sont nominés : la Générale des Eaux... la Lyonnaise des Eaux... et le gagnant est...

BIENTÔT...
500
500
LES CÉSARS
des
MIS-EN EXAMEN
cabu

CHIRAC MULTIPLIE LES PAINS... POUR 4 000 BALL
SAUCISSON
FAUCHON
CAVIAR
POLICE

PAR JOUR
« CECI EST MON CORPS LIVRÉ POUR VOUS ET POUR LA MULTITUDE EN RÉMISSION DES PÉCHÉS, VOUS FEREZ CECI EN MÉMOIRE DE MOI. »
POUR LES PETITS AFFAMÉS XVIe
cabu

... et accros au pouvoir

QUELLE PLANÈTE LAISSERONS-NOUS À NOS ENFANTS ?
cabu

TF1
MIROIR MON BEAU MIROIR...
cabu

cabu

ÇA FINIRA MAL
SONDAGES
SARKOZY
IMPÉRIAL
cabu

cabu

NOUVEAU PARFUM
TÊTE À CIAQUES
de chez
Sarkozy
cabu

VOEUX POUR 2002
REFAIS-NOUS BANDER, JACQUOT !
cabu

AVEC QUI VOULEZ-VOUS LUTTER ?
MOI ! MOI ! JE PRENDS LES DEUX !
cabu

MITTERRAND, C'EST LUI, MOI, C'EST MOI !
cabu

MITTERRAND
MORT DEPUIS 2 ANS...
...ET TOUJOURS PERSONNE À L'ÉLYSÉE !
cabu

TIENS ! QU'EST-CE QU'IL DEVIENT, LUI ?
TOUJOURS MINISTRE DE L'AGRICULTURE ?
IL EST ENCORE CONSEILLER GÉNÉRAL DE CORRÈZE ?

JOURNÉES DU PATRIMOINE

– ... rencontre avec l'Histoire,
rencontre avec le génie humain...

COHABITATION COURTOISE

– Moi je patine, mais lui, il dérape.

SON « DOMAINE RÉSERVÉ » RÉTRÉCIT…

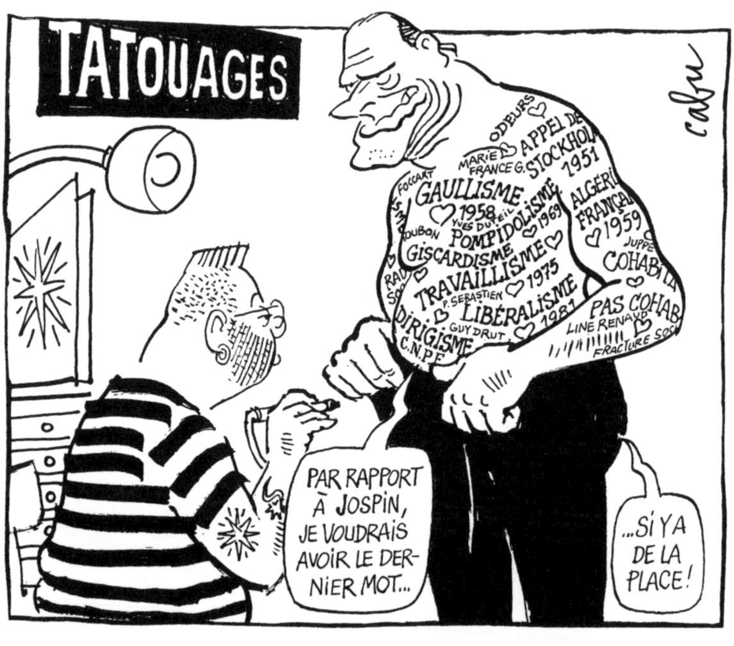

INTOUCHABLES :
LE RETOUR

… et machos

AH ! SARKOZY… ÇA, C'EST UN HOMME…
cabu

ALORS, ÇA Y EST… TU INAUGURES LES CHRYSANTHÈMES !
cabu

– À ma droite Christine-la-calotte,
à ma gauche Nadine-la-capote !

LA CRISE

– En plus, c'est une année à méduses...

ALORS, CARLA ?
ALORS, CARLA ?
ALORS, CARLA ?
PARIS
LOURDES
cabu

STE CARLA
MERCI F. Fillon
MERCI R. Bachelot
MERCI Ch. Lagarde
MERCI Morin
MERCI Hortefeux
MERCI Ch. Boutin
MERCI Cl. Allegre
MERCI Jack Lang
cabu

ON VA ME REPROCHER DE FAIRE LA SORTIE DES ÉCOLES ?
cabu

FALLAIT REVÊTIR TES HABITS PRÉSIDENTIELS PLUS TÔT !
cabu

TENEZ BON !... SURTOUT AVEC VOTRE COMPAGNE !
cabu

ALORS, COMME ÇA, TU T'ATTAQUES À TOUS LES CONTRE-POUVOIRS...
PRESSE
JUSTICE
PARLEMENT
TÉLÉS
...ET TU CROIS QUE JE VAIS ME LAISSER FAIRE ?
cabu

Cabu

HOLLANDE ET SON HAREM
cabu
MARTINE VOUS MANQUE ET TOUT EST DÉPEUPLÉ.

NE RATEZ PAS MORANO..
... LA DINDE DE L'ANNÉE !
cabu

LES SOLDES ? PFFF !.. C'EST D'UN COMMUN !
SOLDES
Dior
Dior
SOLDES
Soldes
SOLDES
cabu

MAIS, POUR LE REPOS DU GUERRIER... JE PEUX TRÈS BIEN JOUER À LA POUPÉE !
MALI
CENTRAFRIQUE
cabu

Fraternitude
TF1
TF1
OCCO
cabu

LA PIETÀ
d'après
Michel-Ange
cabu

JE SENS DES BONNES VIBRATIONS !
NON
cabu

À BAS LES 35 HEURES
FAIS DU BIEN À UN VILAIN, IL TE CHIERA DANS LA MAIN !
cabu

EVA JOLY, C'EST PAS PIRE QUE D'AFFRONTER LA JUNGLE DE BORNÉO...
cabu

... et incapables

– Ça va mal ! Il est temps que je me décide à faire un remaniement… dans mon couple !

NICOLAS SARKOZY
SÉLECTIONNEUR ENTRAÎNEUR SOIGNEUR COACH PORTE-PAROLE ET SUPPORTER
ROSELYNE BACHELOT
NOTRE INFIRMIÈRE
HORTEFEUX
QUI NE PEUT PAS S'EMPÊCHER DE DEMANDER SES PAPIERS À RAMA YADE
XAVIER BERTRAND
QUI JOUE TROP PERSO
FRANCE

→ FADELA AMARA
HERVÉ MORIN VRAIE PASSOIRE À LA DÉFENSE
MAM QUI COMMANDE UN CAR DE CRS POUR GARDER NOS BUTS
RACHIDA DATI QUI VEUT VIRER TOUS LES JUGES DE TOUCHE
BORLOO QUI EXIGE DES VESSIES DE PORC BIO
ET FILLON LE CAPITAINE QUI MARQUE CONTRE SON CAMP
cabu

J'ai supprimé l'armée et le travail...
...que veulent-ils de plus, les jeunes ?
cabu

Mage Jospin !.. Pouvez-vous réduire le chômage ?..
Oui je peux le faire !
Mesdames et messieurs... il peut le faire !
cabu

100 ANS DE TRENET
1 AN DE HOLLANDE
Y A D'LA JOIE PARTOUT PARTOUT AU PÔLE EMPLOI.
cabu

CGT
FRONT D GAU
HOLLANDE PLUS VITE
VITE
J'AI CRU ENTENDRE : « CASSE-TOI, PAUV'CON ! » ... PAS VOUS ?
cabu

SI ON M'A MENTI POUR LE PÈRE NOËL, ON M'A MENTI AUSSI POUR LA PETITE SOURIS ET MA DENT...
... ET AUSSI SUR LES ENFANTS QUI NAISSENT DANS LES CHOUX...
... ET ON NE M'A PAS DIT NON PLUS LA VÉRITÉ SUR LA REPRISE !
cabu

Panoplie
de l'homme
FRANÇOIS
le plus populaire
Panoplie
l'homme
MITTERRAND
plus populaire

SANS ANESTHÉSIE FISCALE

VOUS SEREZ RESPONSABLE DE LA FUITE DES CERVEAUX, MONSIEUR HOLLANDE !
cabu

LES FRANÇAIS SATURÉS DE POLITIQUE

Toujours aussi CULS-BÉNITS

BIBLE
AUX CHIOTTES
CORAN
TOUTES
TORAH
LES RELIGIONS
cabu

FANATIQUES DE TOUTES LES RELIGIONS
HALTE AUX DISCRIMINATIONS
cabu

JE DÉFENDS LES DROITS DE L'HOMME...
... MAIS JE ME PROSTERNE DEVANT UN AUTOCRATE !
Cabu

PLUS BESOIN DE CROIRE EN DIEU
... AU PAPE, ÇA SUFFIT !
cabu

LE MOLLAH OMAR : FINI LA MOBYLETTE...

...IL HÉRITE DE LA VOITURE DE FONCTION DE BEN LADEN

J'AI RACHETÉ TOUS LES PÉCHÉS DU MONDE...
MARIE-MADELEINE
... J'AI BÉNÉFICIÉ DU BOUCLIER FISCAL !
cabu

JÉSUS AVAIT DEUX PAPAS ET DEUX MAMANS...
...LE BON DIEU ET JOSEPH, LA VIERGE MARIE ET MARIE-MADELEINE !
cabu

NON AU MARIAGE GAY
NON À LA CHIENLIT
COHN-BENDIT DEHORS
WALDECK ROCHET À MOSCOU
DE GAULLE ! REVIENS ENCORE SAUVER LA FRANCE !
cabu

UN PAPA
UNE MAMAN
cabu

UN PAPA UNE MAMAN
UN PAPA UNE MAMAN
UNE MAMAN ÇA VA... DEUX MAMANS, BONJOUR LES DÉGÂTS.
cabu

MARIÉES AVEC LE BON DIEU
NOUS REFUSONS LA PROCRÉATION MÉDICALEMENT ASSISTÉE
cabu

NON AU MARIAGE HOMOSEXUEL
MAMAN, QU'EST-CE QUE C'EST... "HOMOSEXUEL"?
TU DEMANDERAS À TON PÈRE...
cabu

cabu

DIRE QU'IL FAUDRA ATTENDRE LE PROCHAIN CONCLAVE POUR SE REVOIR ...

BONNE FÊTE, PAPA !
PRÉSERVATIFS
cabu

QUOI ?...UN BÉBÉ ÉPROUVETTE ? REFUSÉ !!
cabu

LES DIVORCÉES POURRONT COMMUNIER
MON DIEU, PARDONNEZ À CES MANGEUSES DE BITES.
Cabu

ACCUEILLONS DANS LA JOIE DU SEIGNEUR TOUTES CES ENGEANCES : LES HOMOS, LES DIVORCÉS ET LES FEMMES...
cabu

« LE VIOL EST MOINS GRAVE QUE L'AVORTEMENT » ...
TOI, TA GUEULE ! TU NE PEUX PAS SAVOIR !
cabu

IRAN
PENDUE OU LAPIDÉE DANS L'ANNÉE !
CHAMPAGNE BRUT
cabu

LA FEMME EST L'AVENIR DES FANATIQUES
TOUCHE PAS À MON VOILE
cabu

UN SEUL DIEU...
CORAN INTÉGRISTE
BIBLE INTÉGRISTE
cabu
...DEUX SUSPECTS

Toujours aussi INUTILES

ONK ONK
ONK ONK
ONK ONK

RIPOSTE
HÉCATOMBE
FIN DU MONDE
cabu

EH!... J'ATTENDS!

GRAND-PÈRE RACONTEZ-MOI ENCORE COMMENT VOUS AVEZ VIOLÉ TRENTE NÉGRESSES!

cabu

SUPPRIMEZ LES BOUCHES INUTILES!

AUX CHIOTTES L'ARMÉE!
MAMAN ! ON ME DÉMORALISE!
cabu

... A ÉVENTRÉ UNE VIEILLE DAME ENNEMIE AU MÉPRIS DU DANGER!
cabu

CIVILS ! VOUS NE VOULEZ PAS CREVER ?
ENGAGEZ-VOUS
DANS L'ARMÉE, N'IMPORTE QUELLE ARMÉE !
cabu

CREVEZ, LES CIVILS !
ET QU'ON SOIT, ENFIN, ENTRE MILITAIRES !
Cabu

LES CUMULARDS...

LES DÉPUTÉS ONT VOTÉ ENCORE PLUS DE POGNON
POUR L'ARMÉE

PAS UN POUR RACHETER L'AUTRE !

RIGUEUR POUR LE SERVICE PUBLIC

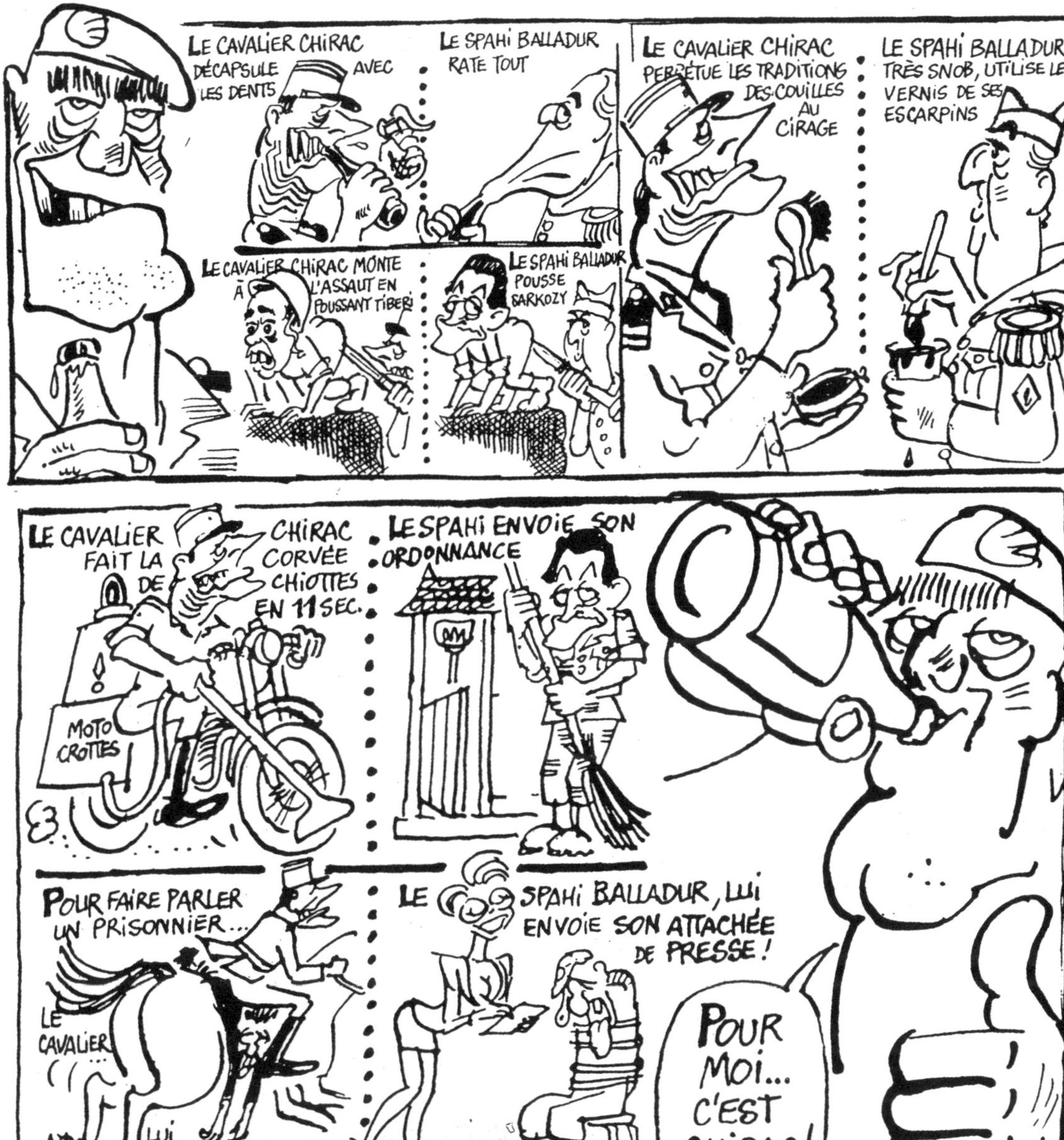
LE CAVALIER CHIRAC DÉCAPSULE AVEC LES DENTS
LE SPAHI BALLADUR RATE TOUT
LE CAVALIER CHIRAC PERPÉTUE LES TRADITIONS DES COUILLES AU CIRAGE
LE SPAHI BALLADUR TRÈS SNOB, UTILISE LE VERNIS DE SES ESCARPINS
LE CAVALIER CHIRAC MONTE À L'ASSAUT EN POUSSANT TIBERI
LE SPAHI BALLADUR POUSSE SARKOZY
LE CAVALIER CHIRAC FAIT LA CORVÉE DE CHIOTTES EN 11 SEC.
MOTO CROTTES
LE SPAHI ENVOIE SON ORDONNANCE
POUR FAIRE PARLER UN PRISONNIER...
LE CAVALIER...
...LUI FAIT FAIRE 300 KILOMÈTRES SOUS SA SELLE
LE SPAHI BALLADUR, LUI ENVOIE SON ATTACHÉE DE PRESSE !
POUR MOI... C'EST CHIRAC !
Cabu

L'ENNEMI N° 1, C'EST L'ENNEMI... INTÉRIEUR

COMMENT VOTERA L'ARMÉE
OH ! MOI, JE NE FAIS PAS DE POLITIQUE... DEMANDEZ À MA FEMME !
cabu

LE BUDGET DE L'ARMÉE DÉPASSE LE BUDGET DE L'ÉDUCATION
NORMAL ! J'AI PAS UNE GUEULE D'INSTITUTEUR, NON !
cabu

MERCI, LES CIVILS... VOUS ÊTES TROP BONS !
PAYEZ VOS IMPÔTS
POUR VENIR EN AIDE AUX DÉSHÉRITÉS
cabu

LE GANG DES ÉGORGEURS
RAFLE DES MILLIARDS AUX PETITS ÉPARGNANTS
BUDGET DE L'ARMÉE
cabu

TROU DE LA SÉCU
OU BIEN ON REMBOURSE À 100 %
OU BIEN ON TUE TOUS LES MALADES...
CHARLES DE GAULLE
NOUS AVONS CHOISI !
cabu

TOUT POUR L'ARMÉE RIEN POUR TA GUEULE !

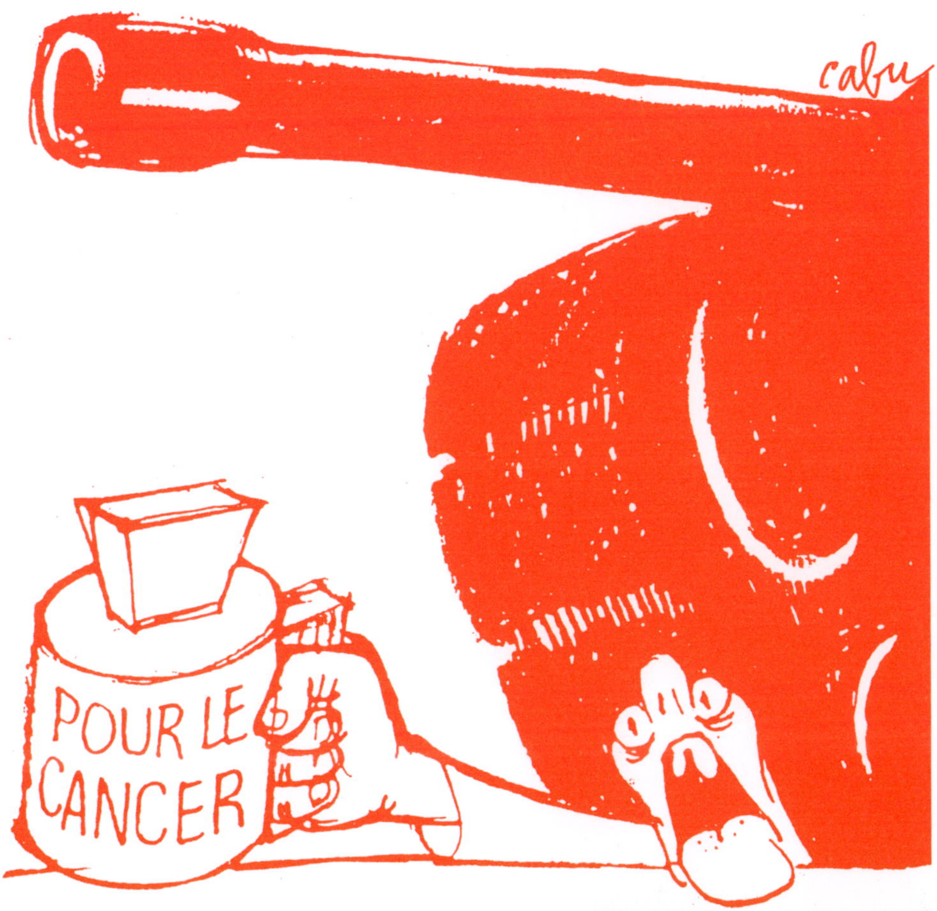

14 JUILLET
LES CHÔMEURS DÉGUISÉS DÉFILENT

14 JUILLET
FÊTE DES TUEURS

VOULONS LA SÉCURITÉ DE L'EMPLOI
cabu

L'ARMÉE

tantôt
elle protège la veuve et l'orphelin...
...tantôt elle les encule !
KOWEÏT
TCHÉTCHÉNIE
BOSNIE
THAÏLANDE
HAÏTI
SOUDAN
PHILIPPINES
LIBERIA
LITUANIE
ETC.
cabu

LES MILITAIRES FRANÇAIS SE RETIRENT DU TCHAD

LE TERRORISME INTERNATIONAL ?... JE NE DIS JAMAIS DE MAL DE NOS CLIENTS !
cabu

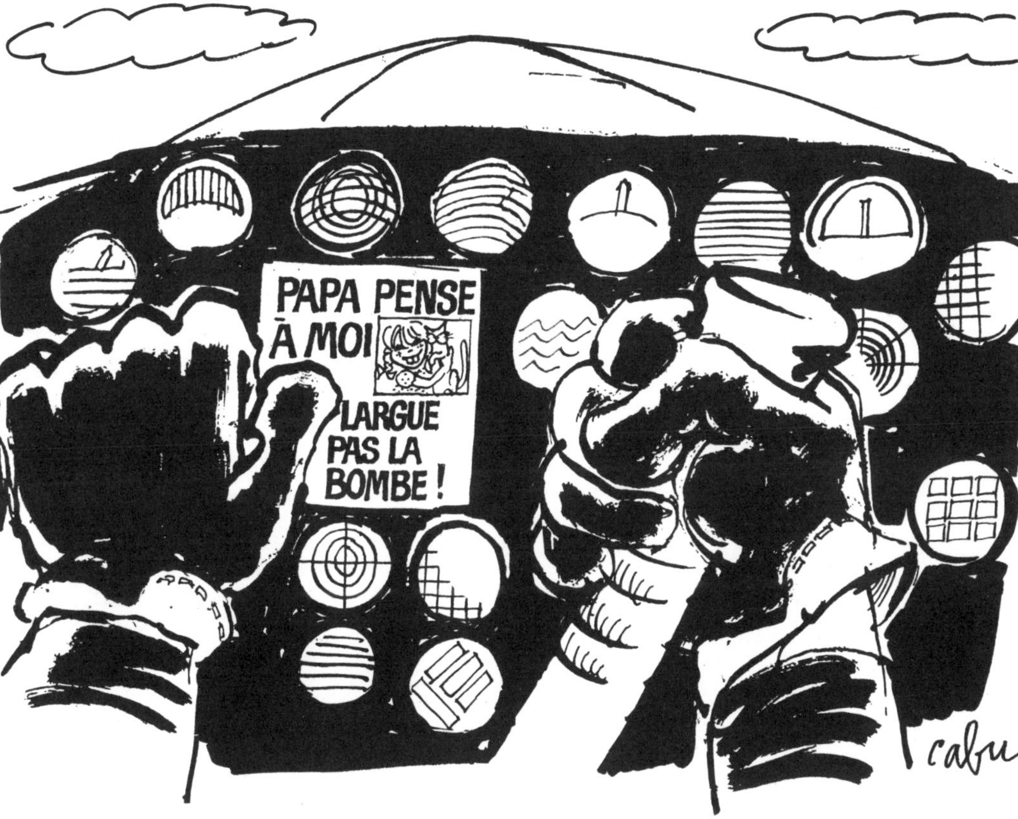
PAPA PENSE
À MOI
LARGUE
PAS LA
BOMBE !
cabu

si...

Si TU PEUX FAIRE, DANS LA FOULÉE, PLUS DE CENT POMPES...
HAN !
Si TU PEUX SUPPORTER DES PETITES BRIMADES...
BIÈRE
Si TU PEUX BOIRE UNE CAISSE DE BIÈRES, CUL SEC...

SI TU SAIS FAIRE PARTAGER TA BONNE HUMEUR...

SI TU PEUX FAIRE DU VÉLO SANS BAISSER LA TÊTE...

SI TU PEUX PILLER SANS PEUR ET VIOLER SANS HAINE...

RETOUR DU LIBAN
LES FILLES SE MOQUENT DE MOI PARCE QUE JE SUIS UN "SOLDAT DE LA PAIX" !
PSYCHIATRE
cabu

À BAS LES FRONTIÈRES
AMICALE DE CEUX QUI SONT NÉS QUELQUE PART
cabu

GONZESSE !
PÉDÉ !
SANS COUILLE !
INSOUMIS !
cabu

LE TANK SOLAIRE
AVEC DES OBUS BIOLO-GIQUES !
Cabu

Toujours aussi POLLUEURS

Album de famille

LE NUCLÉAIRE OU LA BOUGIE
LA BOUGIE !
EN ALGÉRIE J'ÉTAIS UN ÉCOLO...
À L'ÉCOLE, JE FUMAIS DE L'EUCALYPTUS
J'ARRACHAIS LES AILES DES HANNETONS MAIS JE LEUR
...POSAIS DES PROTHÈSES
LA GÉGÈNE, Y A RIEN DE PLUS ÉCOLO...
GÉGÈNE
ET LE VÉLO... CHAQUE DIMANCHE...
...JE FAIS LE TOUR DE LA CENTRALE NUCLÉAIRE
À VÉLO

ET MON PUITS EN PNEUS ?
C'EST POUR PRÉSER-VER LA NAPPE PHRÉATIQUE... TOC !
JE BOUFFE DU SURGELÉ PAR SOLIDARITÉ ENVERS LES ESQUIMAUX
ET LES BÉBÉS PHOQUES
J'AIME LE NATUREL
C'EST POUR ÇA QUE...
boucherie bernard
J'INTERDIS À MA FEMME DE SE FAIRE UN LIFTING...
ÇA, C'EST MOI QUAND J'ÉTAIS ÉCOLO... EN 77
(AU S.A.C.) POUR INFILTRER LES ÉCOLOS...

JE SUIS UN CRACHEUR DE SODIUM ET J'AI DES RÉSERVES POUR PLUSIEURS SIÈCLES !
cabu

FIN DE LA GRÈVE DES ROUTIERS
MOI, J'AVAIS LE TEMPS !.. MA MARCHANDISE, ELLE TIENT 100 000 ANS !
DÉCHETS NUCLÉAIRES
POISSONNERIE
cabu

GRENELLE DE
L'ENVIRONNEMENT
cabu

ON VA CREVER !
ON PEUT QUAND MÊME ARRÊTER LES BA-GNOLES À DEUX MOIS DES MUNICIPALES !
ET LES POTS CATALYTIQUES ?
ÇA PÉNALISE NOTRE COMMERCE EXTÉRIEUR
D'ABORD, C'EST PAS DE MA FAUTE
C'EST LA FAUTE À LA MÉTÉO !
ET AVEC MA VIE DE CON, J'M'EN FOUS DE CREVER
VOUS TROUVEZ QUE LA VIE EST SI BELLE QU'IL FAILLE VOUS BATTRE POUR LA CON-SERVER ?.. MAIS VOUS ÊTES UN PRIVILÉGIÉ INSENSÉ !!
L'AUTOMOBILE EST UN ACQUIS DE 1789 !... CONTRE LES PRIVILÉGIÉS COMME VOUS !
VRAOUM
Cabu

25 MORTS PAR JOUR !
LA SECTE DE LA BAGNOLE
cabu
ASSASSINAT OU SUICIDE COLLECTIF ?

ESSAYEZ DE NOUS RETIRER LA PUB, TIENS !
À LA TENTATION
au chic Parisien
TANTONVILLE
AU BOYARD
BOUCHERIE-CHARCUTERIE AU COCHON ROSE
LUMINAIRES DU ROND-POINT
À LA CIVETTE
CENTRE COMMERCIAL
Flunch
MENU À 12,50 €
LULU LA CONCOILLOTTE
SALADINERIE DU MARCHÉ
POISSONNERIE DU PONANT
AUX 100 000 CHEMISES PLACE DE L'HÔTEL-DE-VILLE
OLLA
LA FARFOUILLE PLACE DE LA MAIRIE
CRÊPERIE DE LA FONTAINE
BOULANGERIE PÂTISSERIE DE LA GALERIE COM^LE
SEX-SHOP EN FACE DE L'ÉGLISE
JEUX VIDÉO CHEZ MARCEL
cabu
ON SE LAISSERA PAS FAIRE COMME LES MAUVIETTES DE LA TÉLÉ !

ENVOYEZ LES CHÔMEURS NETTOYER LES PLAGES
cabu

Toujours aussi SHOW BIZ

OUI À L'EUTHANASIE !
CHARLES AZNAVOUR
JOHNNY HALLYDAY
EDDY MITCHELL
224 ANS À EUX TROIS !
Cabu

70 ANS
C'EST À CAUSE DE LUI QU'ON ALLONGE LA DURÉE DU TRAVAIL !
cabu

BON ANNIVERSAIRE, JOHNNY
PROCHAIN CONCERT AU PÈRE-LACHAISE
cabu

JE VEUX MOURIR EN SCÈNE...
...COMME ROBERT MOLIÈRE !
calvi

MITTERRAND CHEZ LES ROCKERS

ON NE VOUS VOIT PLUS GUÈRE, CHÈRE MIREILLE...
JE ME RÉSERVE POUR VOTRE GALA DE LA PLACE DE LA CONCORDE ...EN 2012
Cabu

COLUCHE
C'EST L'HISTOIRE D'UN MEC
MERCREDI
UN FILM D'ANTOINE DE CAUNES
COLUCHE PLAISAIT À TOUS LES PUBLICS... LES BEAUFS COMME LES ANTI-BEAUFS...
C'EST MON MODÈLE !
cabu

MAIS SI, SAINT-PÈRE, VOUS VOUS SOUVENEZ DE LUI : " LE LÂCHER DE SALOPES", C'EST LUI !
cabu

JE VEUX BIEN DONNER MAIS JE VEUX SAVOIR À QUI...
...À MIREILLE MATHIEU, J'VEUX BIEN... POUR ÉLEVER SON 17e PETIT FRÈRE...
...À GAINSBOURG POUR RÉÉDUQUER SA PETITE VOLEUSE
ELLE ME PIQUE TOUS MES RASOIRS
...À LINE RENAUD POUR SAUVER LES DINDES DE NOËL
...À L'ABBÉ PIERRE POUR ÉLEVER L'ENFANT QU'IL A EU AVEC MÈRE TERESA...
...À RIKA ZARAÏ POUR SAUVER LES PORTE FEUILLES...
NON : LES TRÈFLES À QUATRE FEUILLES !
À SACHA DISTEL POUR LA PROTECTION DES MISS FRANCE"
MISS FRANCE
JE VOUS RACCOMPAGNE DANS MA B.M.W.?
FINALEMENT, JE DONNERAI POUR LES PUPILLES DE LA NATION... SI ! Y EN A ENCORE : LE FILS DU Ct PRIEUR...
.. LA VRAIE-FAUSSE MADAME TURENGE
...
cabu

MONSIEUR L'ABBÉ !.. LAISSEZ-VOUS FAIRE ET ON VA GAGNER BEAUCOUP DE POGNON !
D'ABORD, VOUS ALLEZ CHANGER DE LOOK !.. SOUTANE "FLUO"!.. COIFFURE BRANCHÉE..?
NON !..
VOUS ALLEZ MANGER DES PÂTES !.. DES PÂTES DES PÂTES
ON REMET LA SALOPETTE, ON LOUE LE ZÉNITH, ET ON BOURRE PENDANT 2 ANS !
cabu

IL A RÉUSSI SA VIE...
GRÂCE À ROLEX
cabu

Toujours aussi DOPÉS

CONTRÔLE ANTIDOPAGE?
J'SUIS PAS COUREUR CYCLISTE !
cabu

JE VOULAIS ALLER AUX JEUX OLYMPIQUES POUR TROUVER UN MARI...
... TROP TARD ! JE SUIS DEVENU UN HOMME !
RDA
RDA
RDA
1
2
3
cabu

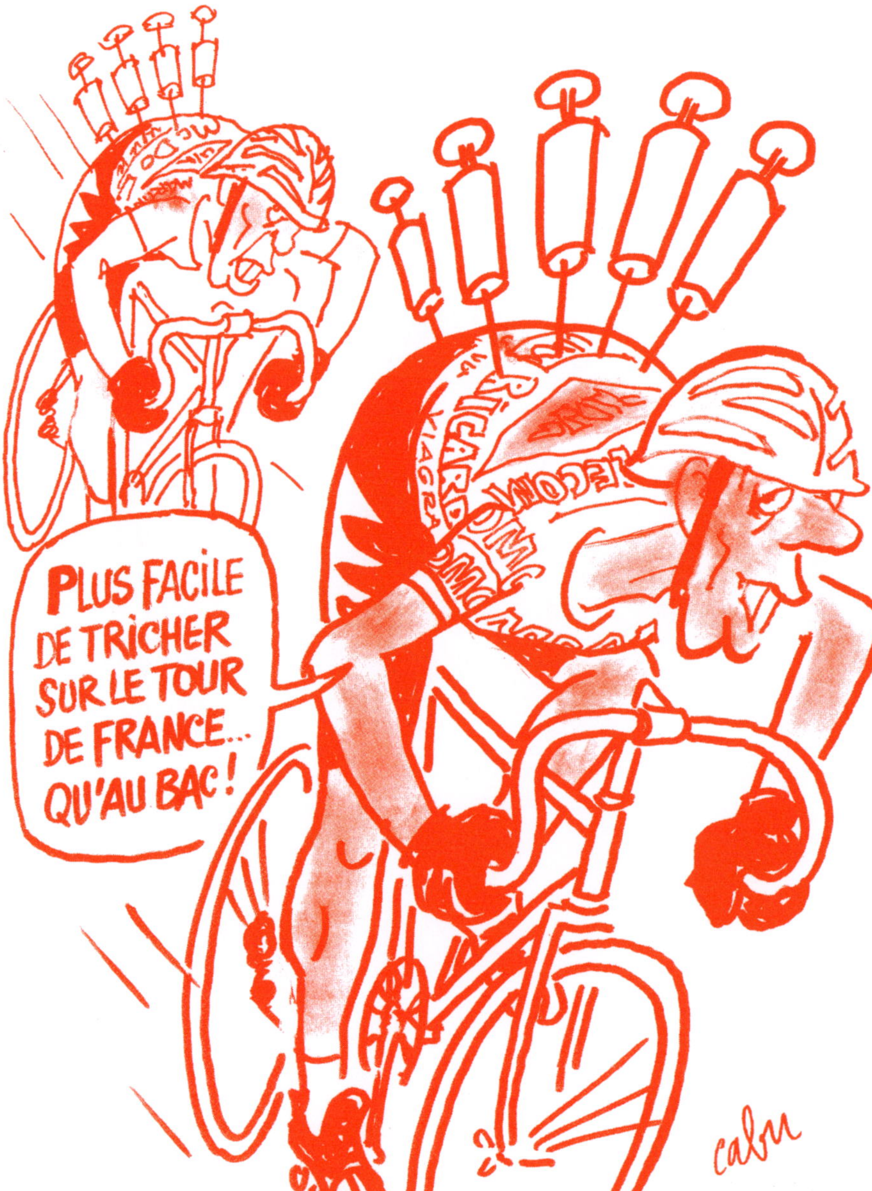
PLUS FACILE DE TRICHER SUR LE TOUR DE FRANCE... QU'AU BAC !
Cabu

MERCI DE SOUTENIR L'INDUSTRIE PHARMACEUTIQUE, MONSIEUR LE PRÉSIDENT !
TOUR DE FRANCE
123 TOUR DE FRANCE
cabu

à l'EPO
LE NOUVEAU FLAMBY
cabu

MERCI POUR LE RÊVE
FRANCE
ONK ONK
GROUI GROUI
cabu

QUOTAS ETHNIQUES
2e DIVISION !
cabu

BUT! FERNANDE! BUT!
cabu

EN FRANCE, ON N'A PAS DE PÉTROLE MAIS ON A DES GROS CONS !
VOUS PARLEZ DE NOS SUPPORTERS ?
XV DE FRANCE
cabu

Toujours aussi OBSÉDÉS

LE RETOUR DES ANNÉES POMPIDOU
CETTE FOIS, JE ME LA TAPE !
cabu

POURQUOI HOLLANDE N'A PAS EMMENÉ CHIRAC ?
J'VAIS TE CONSOLER, LA VEUVE !
MANDELA
cabu

F. MITTERRAND
AH ! AH ! CE PAUVRE CLINTON !.. "HARCÈLEMENT SEXUEL" !
LULU
NANA
À MON FANFAN D'AMOUR
cabu

ORA BASTA
VECCHIO PORCO
INDEGNO
BERLUSCONI BASTA
SILVIO, QU'EST-CE QUE TU FAIS ?
JE FAIS UN PETIT COUCOU À MES ADMIRATRICES POUR LA ST-VALENTIN…
cabu

QUI SUIS-JE POUR JUGER… UN OBSÉDÉ SEXUEL ?
…HEIN ?
ROMANCE À L'ÉLYSÉE
cabu

DSK PRÉSIDENT !
cabu

LA PARITÉ, ÇA VOUS PASSERA AVANT QUE ÇA ME REPRENNE !
cabu

QU'EST-CE QUE J'APPRENDS ?.. TU NE VEUX PLUS ÊTRE VIOLÉE ?
LES FEMMES DISENT NON AU VIOL
cabu

CHAMPIONNAT DE PÉTANQUE CHEZ LES NUDISTES
cabu

NUDISTES
cabu

concours de plage :

TESTEZ VOTRE SEXUALITÉ

J'AIME BIEN LES ÉMISSIONS DE SEXE-CHARME ...
... COMME ILS DISENT SUR TF1...
..., SURTOUT PARCE QU'IL Y A PLEIN DE BAGNOLES...
QUAND IL Y A DES BAGNOLES ET DES GONZESSES, MOI J'ENCLENCHE MON TURBO...
... TANDIS QU'AVEC TOI...
J'AI L'IMPRESSION DE PASSER SUR UN RALENTISSEUR.
cabu

BANQUE DU SPERME
LE NOMBRE DE
EN BAISSE
C'EST VRAIMENT LA CRISE PARTOUT ...
cabu

Y A UNE RÉCLAMATION... QUI A REVENDU SON SEX-TOY SUR E-BAY ?
cabu

VOUS AVEZ REGARDÉ LA SOIRÉE SIDA ?
UN PEU...
VOUS ÊTES POUR LE PRÉSERVATIF ?
EUH... NON...
J'OBÉIS AU PAPE...
IL FAUT DES INTERDITS...
FLEURS
C'EST MEILLEUR QUAND ON LES TRANSGRESSE
PRÉSERVATIFS
SANS PRÉSERVATIF ÇA PEUT MENER À DIEU... AVEC PRÉSERVATIF ÇA MÈNE AU DIABLE !
cabu
DONNEZ-MOI DEUX INDULGENCES PLÉNIÈRES... AVEC PRÉSERVATIF !
INDULGENCES PLÉNIÈRES
IL EN FAUT DE LA MISE EN SCÈNE... ET DES FIGURANTS POUR EMBALLER LES NANAS, MAINTENANT !

LE TROU DE LA SÉCU INQUIÈTE LES TRAVAILLEURS
...EST-CE QU'IL A DU POIL AUTOUR ?
cabu

PHARMA
UNE BOÎTE DE QUOI ? PRÉ... PRÉ... PRÉSER...
C'EST MAL ÉCRIT !
AH !.. UNE BOÎTE DE PRÉSERVATIFS ..VOUS AUSSI !
VOUS SAVEZ QUE J'AI BIEN CONNU VOTRE GRAND-MÈRE ...SI ELLE VOUS VOYAIT !
ET VOUS DÉSIREZ ...AVEC LUBRIFIANT OU AVEC ABRASIF ?
EH BIEN, SERVEZ-VOUS DEHORS AVEC NOTRE DISTRIBUTEUR AUTOMATIQUE !

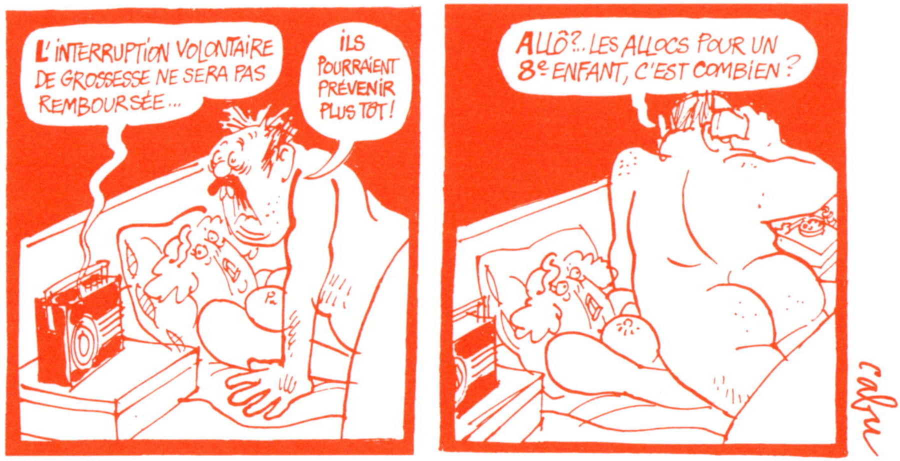
L'INTERRUPTION VOLONTAIRE DE GROSSESSE NE SERA PAS REMBOURSÉE...
ILS POURRAIENT PRÉVENIR PLUS TÔT !
ALLÔ ?.. LES ALLOCS POUR UN 8e ENFANT, C'EST COMBIEN ?
cabu

ALLOCS SUPPRIMÉES AU-DELÀ DE 25000F/MOIS
LES SOCIALISTES PÉNALISENT MON ESPRIT D'ENTREPRISE...
cabu

ENCORE DES PERTURBATIONS À AIR FRANCE !
ANNULÉ
PEKIN
MOSCOU
MOI, JE DEVAIS SIGNER UN CONTRAT DE 36 CENTRALES NUCLÉAIRES FRANÇAISES AU KOWEÏT !
MOI, J'AVAIS UN CONTRAT DE JEUNE PREMIÈRE À HOLLYWOOD !
TF1
MOI, JE DEVAIS SIGNER UN GROS CONTRAT AVEC L'ARABIE SAOUDITE !
VOUS ME DEVEZ 200 HÉLICOPTÈRES DE COMBAT !
MOI, JE DEVAIS PARTIR POUR BANGKOK !
VOUS ME DEVEZ DEUX PETITS GARÇONS ET TROIS PETITES FILLES !!
Cabu

ET ALORS ?.. GRÂCE À MOI, AU MOINS, ILS MOURRONT DANS UN MOMENT DE PLAISIR !!
cabu

LA REPRODUCTION ARTIFICIELLE, JE NE M'EN LASSE PAS !
PHOTO COPIEUR
cabu

L'AMOUR EST DANS LE PRÉ
J'AI PAS ÉTÉ SÉLECTIONNÉ… MAIS J'AI CE QUI FAUT CHEZ MOÈ !
cabu

LE MONSIEUR, JE L'AI DÉJÀ VU SUR INTERNET !
cabu

Toujours aussi MORVEUX

QUAND ON PENSE
QU'IL Y A TANT DE
JEUNES QUI QUIT-
TENT LA FRANCE...
Cabu

N'INTERDISEZ PAS LES CONCOURS DE MINI-MISS
LAISSEZ-LES VIVRE LEUR RÊVE
cabu

TERRORISTE : UN IDÉAL POUR LES JEUNES
...ET ON DONNERA TON NOM À UN ABRIBUS!
cabu

Ecole de Kamikazes
BEN LADEN MENACE LA FRANCE
C'EST DU SURMENAGE! IL N'A PAS FINI D'ÉTUDIER L'AMÉRIQUE QU'ON LUI PROGRAMME LA FRANCE!
cabu

ÉCOLE DE KAMIKAZES
NON! TU FINIRAS PAS L'ANNÉE!
cabu

Leçon : le moteur à explosion
cabu

KAMIKAZE
C'EST MA RETRAITE PAR RÉPARTITION QUI S'ÉLOIGNE...
cabu

DIEU
EST
AMOUR

JE SUIS PARENT D'ÉLÈVES DE L'ÉCOLE PRIVÉE... AVEC TOUT ÇA, JE NE POURRAI PAS CHANGER LA MOQUETTE DE LA CHAPELLE...
JE NE POURRAI PAS CHANGER LA FRITEUSE DU RÉFECTOIRE
JE NE POURRAI PAS ACHETER D'EXTINCTEUR, ET JE NE POURRAI PAS CHANGER MA VIEILLE SECRÉTAIRE !
LA SÉCURITÉ DES ÉLÈVES N'EST MÊME PLUS ASSURÉE...
OH ! PARDON !
ENFIN SI !.. EUH !.. J'AI ACHETÉ UN STOCK DE CAPOTES À 1 FRANC !
TF1
cabu

SI TU ES GENTIL AVEC MOI...
...JE T'EMMÈNERAI À LA MANIF ANTI-PÉDÉS !
cabu

ÇA !.. ON N'EST PAS PRÈS D'AVOIR UN CONGÉ DE MATERNITÉ !
cabu

Y A QUE MOI... SNIF... SNIF... QUI NE PLAÎS PAS À MONSEIGNEUR ...
cabu

3,8... 3,7... 3,9... TU ES NULLE EN PATINAGE ARTISTIQUE !..
APRÈS TOUT CE QU'ON A FAIT POUR TOI !..
ON A TOUT ESSAYÉ...
LA DANSE CLASSIQUE..
...NULLE !
LE SQUASH...
...NULLE !
LE LOTO...
...NULLE !
LE PIANO ... NULLE !
...ALORS POUR LES CANCRES...
...FAIT BEAU PARTOUT !
...IL NE RESTE PLUS QU'À PRÉSENTER LA MÉTÉO SUR TF1
cabu

« ta petite sœur est vaginale ou clitoridienne ? »
cabu
« bonne nouvelle un flic est mort ! »
MON FILS QUI ÉCOUTE "RADIO LIBERTAIRE" !?
J'AI ABANDONNÉ L'ÉDUCATION CIVIQUE ET
SEXUELLE DE MON FILS AUX RADIOS !
PUB ♪ LA BANQUE DES JEUNES VOUS ATTEND CHERS PETITS AMIS ♪
OUF !.. MON FILS N'EST PAS PERDU POUR LA SOCIÉTÉ ! IL ÉCOUTE SKYROCK !

– Range ta chambre !

Y AVAIT LA QUEUE AU SUPERMARCHÉ, M'DAME !

TOILETTES

VACANCES CULTURELLES À LASCAUX
BISON FUTÉ !
BISON FUTÉ !
BISON FUTÉ !
cabu

La Culture remède à la Crise…
TROP TARD ! ON NE SAIT PLUS LIRE !
cabu

LE LYCÉE REND CON
HEUREUSEMENT, APRÈS, Y A L'ARMÉE !
cabu

Toujours aussi EXCLUS

GASPILLAGE:
CERTAINS
ABUSENT
JE CLAQUE TOUT MON S.M.I.C. !
cabu

ILS SE PLAIGNENT, ILS SE PLAIGNENT ...
RESTOS DU COEUR
... MAIS ON SENT UNE FRÉNÉSIE POUR NOËL !
cabu

ON NE NOUS MONTRE PLUS QUE DES PAUVRES !
C'EST POUR QU'ON S'HABITUE À LA PAUVRETÉ !
cabu

ALLÔ, MÉNIE GRÉGOIRE ? MON RÉFUGIÉ AFGHAN A FOUTU EN CLOQUE MA RÉFUGIÉE VIETNAMIENNE !
cabu

ENRICHISSONS-NOUS DE NOS DIFFÉRENCES !
VOUS N'ÊTES PAS ASSEZ RICHE !
cabu

DÎNER-DÉBAT
SUR
LA FAIM
DANS LE MONDE
PAS D'HIRONDELLES PIQUE-ASSIETTES !
cabu

PROFESSION DES PARENTS...
...TOUS CHÔMEURS ?...
...BON...ON VA COMMENCER PAR APPRENDRE À RÉDIGER UN C.V...
Cabu

UN COLLIER DE NOUILLES ? C'EST TOUT CE QUE TU RAMÈNES POUR DÎNER ?
BONNE FÊTE DES MÈRES
Cabu

ON A CONFIANCE EN L'AVENIR... ON FAIT DES GOSSES !
LA FRANCE DEVIENT UN PAYS DU TIERS-MONDE... PAS ÉTONNANT QU'ON FASSE AUTANT DE GOSSES QU'EUX !
cabu

BON POUR UN RESSEMELAGE
BON POUR UN RESSEMELAGE
BON POUR UN RESSEMELAGE
cabu

J'ai longtemps cru que "SDF" voulait dire : "SAMEDI, DIMANCHE et FÊTES" !..
cabu

IMMOBILIER
8999999€
7789529€
989000€
3000000
1100.000€
6780000€
Cabu

SAINT MARTIN AVAIT DONNÉ LA MOITIÉ DE SON MANTEAU AUX PAUVRES...
...AUJOURD'HUI, QU'EST-CE QU'ILS POURRAIENT BIEN FAIRE D'UNE MOITIÉ DE YACHT?
cabu

EN MAI 68, ON DÉDAIGNAIT LES ATTRAPE-COUILLONS DE LA SOCIÉTÉ DE CONSOMMATION...
LOTERIE NATIONALE
LOTERIE NATIONALE
LOTERIE NATIONALE
TABAC
LOTO
EN 94 TU CROIS ASSURER TON AVENIR EN FAUCHANT UN STOCK DE TICKETS DU...
MILLIONNAIRE
!!
TU M'EN GARDE RAS QUELQUES-UNS ?
cabu

62 OU 63 ANS ?
JE NE SUIS PAS À UN AN PRÈS
cabu

VOUS PERDREZ VOS ALLOCATIONS CHÔMAGE SI VOUS REFUSEZ UN 3e EMPLOI ...
... MAIS VOUS GAGNEREZ UNE ALLOCATION DE 750 €...
3e ENFANT
... SI VOUS ACCEPTEZ DE FAIRE UN 3e ENFANT !
cabu

RENAULT
MÉTAL
VERRE
OUVRIERS
cabu

LE GRÉVISTE DE LA FAIM EST MORT

PLUS Y A RIEN DANS LA GAMELLE, PLUS Y A DES ÉMISSIONS DE BOUFFE !
cabu

LE SCANDALE DE LA VIANDE DE CHEVAL FAIT LE BUZZ

IL EST FRAIS,
IL EST FRAIS,
MON POISSON !
LAMPEDUSA
Cabu

JE PARS EN ROUMANIE ME FAIRE GREFFER DES OVOCYTES...
...J'AI DÉCIDÉ D'ÊTRE MÈRE AVANT QU'IL NE SOIT TROP TARD!
ELLE ATTEND DES TRIPLÉS À 59 ANS
cabu

Toujours aussi MORTELS

T'AS PAS DE POT !
LE CANCER FRAPPE D'ABORD LES GENS EXEMPLAIRES
cabu

LES CHRYSANTHÈMES ONT AUGMENTÉ...
ALORS JE T'AI APPORTÉ DU CÉLERI-RAVE !
calvi

POUR EN FINIR AVEC LES RETRAITÉS
D'ABORD, LA RETRAITE, IL FAUDRA ALLER LA CHERCHER À SAINT-JACQUES-DE-COMPOSTELLE...
ENSUITE, MOUROIRS OBLIGATOIRES AU MAROC...
ICI, PAS DE TAXES FONCIÈRES.
PARCE QU'À LA FIN VOUS COÛTEZ CHER, LES VIEUX...
COMME C'EST GENTIL, UN CANAPÉ TRANSFORMABLE !
cabu

1966
OFFERT PAR SERVIER
2011
OFFERT PAR SERVIER AUSSI
cabu

QUAND ON A UN PÉPÉ ALZHEIMER, ON PEUT LUI DEMANDER DE L'ARGENT DE POCHE TOUS LES JOURS...
cabu

FOIE D'ALCOOLIQUE
HIER MON FOIE, AUJOURD'HUI MES POUMONS...
...IL EST TEMPS QUE JE DEMANDE DES DROITS D'AUTEUR, MOI !
cabu

SOYEZ BREF (j'ai un cancer)
cabu

CANCER

C'EST GRAVE COMME CANCER, DOCTEUR ?

HIER LES HÔPITAUX
PORTAIENT DES NOMS DE MÉDECINS
LAENNEC
AUJOURD'HUI LES HÔPITAUX
PORTENT DES NOMS DE MALADES
POMPIDOU

NOTRE TEST VACANCES

DEVINEZ LE CANCER QUE VOUS AUREZ

LES CENDRES DE MON MARI, ÇA ME FAIT DES BRAISES POUR MA CHAUFFERETTE !
cabu

APPROCHEZ! C'EST PAS CONTAGIEUX!
cabu

VOUS AVEZ DEMANDÉ UN PRÊ...?
cabu

MESRINE
TU VEUX UN PEU DE MORTS OU BEAUCOUP DE MORTS ?
cabu

AGENCE DE
POMPES FUNÈBRES
ANGOLA
ANNULÉ
ALGER
ANNULÉ
TCHÉ-TCHÉNIE
ANNULÉ
LOUXOR
ANNULÉ
DAGHESTAN
ANNULÉ
BLIDA
ANNULÉ
ANGKOR
ANNULÉ
DE PARIS À PARIS
cabu

MAD MAX 2
LA BESTIALITÉ À L'ÉTAT PUR !
BOUM
MAINTENANT, ILS PASSENT DES BANDES-ANNONCES EN PLEINE RUE !
cabu

PEUT-ON RIRE DE LA MORT ?

Cabu

13 janvier 1938 - 7 janvier 2015

NOTE DE L'ÉDITEUR

Rire du monde plutôt qu'en pleurer

Le temps passant, nous n'arrivons toujours pas à nous faire à l'idée que nous ne reverrons plus Cabu car lui et le cherche midi éditeur, ce fut pendant des décennies l'histoire d'une amitié, d'une complicité élective de chaque instant, de convictions partagées avec l'humour et la dérision en toutes circonstances. Cabu passait souvent, comme ça, pour le plaisir de l'échange et des rires en commun. Discret et attentif envers chacun, toujours disponible pour portraiturer l'un ou l'autre.

Chaque livre de Cabu publié par le cherche midi fut une fête inoubliable. D'où l'idée d'extraire quelque trois cents dessins de ce trésor éditorial. Le choix fut difficile, car la plupart s'imposaient comme une joyeuse évidence.

Cabu faisait son marché sur l'inépuisable planète des cons. Politiciens, militaires, religieux de toutes confessions, affairistes, etc. : personne n'échappait à son attention. Il croquait ses proies avec la même gourmandise qu'une pâtisserie. Cruel, certes il l'était, mais uniquement avec les hommes-sandwichs de la bêtise.

Bien des cons attendaient avec impatience d'être distingués par Cabu. Simplement parce qu'une caricature de lui, c'était la garantie d'une postérité ! Une raison d'être ! Une Légion d'honneur ! Que pouvaient espérer de mieux des femmes et des hommes dont le ridicule a toujours semblé être l'ambition première ?

L'importance de l'œuvre graphique de Cabu s'impose à tous. Elle grandira encore avec le temps et en fera le chroniqueur capital et ricaneur de notre époque. Cabu rêvait de faire de la vie un dessert. Il aura ô combien réussi ! Il ne nous reste plus qu'à le dévorer à pleines dents. À gorges déployées.

Pierre Drachline et Philippe Héraclès

LA BIBLIOTHÈQUE DU DESSINATEUR

BLACHON
Enfin seuls !
Rugby d'avant et d'après
Encore, encore !
Vol au-dessus d'un nid de croquis

BOSC
Dessins inédits (épuisé)
Deux pour la vie
Voyage en Boscavie
Alors on se promène ?

CHAVAL
Les Cent Meilleurs Dessins
Chaval inconnu
Faites des économies
Dessins parus dans Paris-Match *1951-1967*

DELAMBRE
Da Vinci corse
Le Diable au corse

Pierre ÉTAIX
Pierre qui roule ménage sa monture

GOURMELIN
Instants d'espace
À la mémoire de l'humanité
Les Univers de Gourmelin

KERLEROUX
L'Homme qui a vu l'homme…

LOUP
L'Art comptant pour rien

MOSE
Le Golf

PIEM
Les Accros du portable (épuisé)
L'Argent, encore plus
Au revoir et encore merci
Cent dessins choisis (épuisé)
Dieu et vous
L'École
Enfants, parents, mode d'emploi
Les Gendarmes (épuisé)
J'aime la Poste
Je t'aime
Les Joies de la retraite
Mon stress, mon psy et moi
Les Mordus de l'automobile (épuisé)
Les Mordus du foot
Les Mordus du ski
Les Mordus du tennis (épuisé)
Petits-enfants, grands-parents, mode d'emploi
Bonne santé, mode d'emploi (épuisé)
Un cœur gros comme ça (épuisé)
La Terre jusqu'au trognon
Le Petit Piem illustré
Généalogiquement vôtre

Ronald SEARLE
Ronald Searle dans Le Monde

SINÉ
Les Chats
Siné dans Charlie Hebdo (épuisé)
Siné dans Hara-Kiri Hebdo (épuisé)
Siné sème sa zone
Journal pré-posthume

SOULAS
Vieux, c'est mieux

Sylvain TESSON
Les Pendus

TETSU
La Vie à deux (épuisé)
Toute une vie à deux

Tomi UNGERER
Acadie (épuisé)
Les Chats
Cœur à cœur
SM (épuisé)
Vracs (épuisé)

VOUTCH
Agenda 2004
Le Fascinant Monde du travail
Agenda 2007
Les Envoûtants Mystères de l'amour
L'amour triomphe toujours
Le Grand Tourbillon de la vie
Le pire n'est même pas certain
Personne n'est tout blanc
Chaque jour est une fête
Le doute est partout
Le futur ne recule jamais
Le Monde merveilleux de l'entreprise
Les Mystérieuses Alchimies de l'amour
Les Joies du monde moderne
Tout se mérite

WOLINSKI
Défense de fumer !
Dialogue de sourds
Les Droits de la femme (et de l'homme)
Mes aveux
La Morale

Achevé d'imprimer en octobre 2015 chez Imebyestimprim
Dépôt légal : novembre 2015
N° d'édition : 4805
ISBN : 978-2-7491-4805-2

MIXTE
Papier issu de
sources responsables
FSC® C003309
FSC
www.fsc.org

„Der Wald schenkt Erholung. Und liefert Holz. Wir sorgen für gesunde Wälder.“[67] Hier wird ein Topos aktualisiert, der banal erscheint, es aber heute, nach den Debatten um die ‘ökologische Krise’, nicht mehr ist: daß Beherrschung der Natur auch verändernden Eingriff in die Naturprozesse selbst bedeutet und immer umgreifender auch voraussetzt. Implizit läuft diese Argumentation derjenigen in der anfangs besprochenen Anzeige für ‘Sechsämtertropfen’ zuwider.

Mit solchen Beispielen können nicht mehr als Vermutungen über weitere Topoi, die zu Argumenten mit dem Bestandteil ‘Natur’ führen, geäußert werden. Demnach kommt es einer Toposforschung, die zwischen Oberflächenphänomen und darin aktualisierter gesellschaftlicher ‘Prämisse’ zu unterscheiden weiß, nicht darauf an, ‘Natur als Motiv in der Werbung’ zu identifizieren und womöglich verfestigte Argumentationselemente äußerlich aneinanderzuketten. Der Topos verliert damit die bequeme Handhabbarkeit, die ihm Curtius für eine Literaturwissenschaft gegeben zu haben schien, welche geschichtliche Entwicklung axiomatisch aus der wahrnehmbaren Motiv-, Bild-, Formel- oder Ideentradition in einer autonomen literarischen Sphäre erweisen zu können glaubte. Die Identifikation des Topos besteht nicht in der Benennung einer allgemeinen Argumentationsformel, sondern in dem vermittelnden Beziehen manifester Argumente auf sie begründende Bewegungen in der gesellschaftlichen Totalität. Deshalb kann die Bestimmung eines Topos nicht bloß als wissenschaftliche Detailarbeit, sondern auch in ihrer Funktion als Moment kontroverser Gesellschaftsdeutung umstritten sein. Unter den gegebenen Verhältnissen vermag solche Toposforschung kaum anders als ideologiekritisch zu verfahren. Die ‘kritische Rationalität’ einer praktisch werdenden Topik wird damit nicht schon ermöglicht, wohl aber die Notwendigkeit, deren historische Voraussetzungen zu schaffen, bezeugt.

[67] Z. B. Stern Nr. 26 (1970).

Nachschrift 1986

Der Aufsatz, der hier teilweise wiederabgedruckt wird, ist vor zehn Jahren entstanden. Es blieb bei dieser Skizze des Programms einer analytischen Toposforschung, nicht ohne Grund. Damals hatte ich die Entwicklungen noch kaum zur Kenntnis genommen, die in 'Geschichte als historische Sozialwissenschaft', in Historischer Anthropologie und Sozialpsychologie zunächst vor allem in Frankreich, dann auch in Großbritannien, den USA, Italien und der Bundesrepublik zu mitunter großangelegten Analysen von bewußtseins- und mentalitätsgeschichtlichen Bewegungen und Konstellationen geführt haben. Wo Bewußtseins- und Mentalitätsgeschichte einem materialistischen Konzept verpflichtet bleibt – also historische Erfahrungs-, Denk- und Ausdrucksweisen von Klassen, Fraktionen und Gruppen mit grundlegenden Verhältnissen der materiellen gesellschaftlichen Reproduktion zu vermitteln sucht –, dort kann eine hier skizzierte analytische Toposforschung ihren Ausgangspunkt nehmen. Sie löst sich dann nicht in Bewußtseins- und Mentalitätsgeschichte auf. Nach wie vor bleibt ihr aufgegeben, die manifesten 'Argumente' in der gesellschaftlichen Kommunikation zu durchdringen und auf ihren 'Ort' in den konkreten Erfahrungen, Wahrnehmungen und Dispositionen der Menschen zurückzuführen. Aber indem sich eine solche analytische Toposforschung als hermeneutischer Zweig von 'historischer Sozialwissenschaft' im weitesten Sinne versteht, wird sie von dem übergroßen Anspruch entlastet, der trotz aller Bescheidenheitsformeln in dem vorstehenden Entwurf steckt. Welche enormen Schwierigkeiten auch eine solche interdisziplinäre Anknüpfung noch bereitet, läßt die auf literarische Kommunikation ausgerichtete Arbeit erkennen, die mich in den letzten zehn Jahren zu einem guten Teil beschäftigt hat.[68]

[68] Ludwig Fischer (Hrsg.): Literatur in der Bundesrepublik Deutschland bis 1967, München 1986 (Hanser Sozialgeschichte der deutschen Literatur, Bd. 10).

Hans Ulrich Gumbrecht: Funktionen parlamentarischer Rhetorik in der Französischen Revolution, Wilhelm Fink Verlag, München 1978. Hier: Auszug S. 44–54.

DIE BILDUNG VON POLITISCHEM KONSENS*

Ein Projet d'adresse des Grafen Mirabeau und seine Diskussion vor der Assemblée nationale (16. Juli 1789)

Von Hans Ulrich Gumbrecht

> La nation croira-t-elle que l'harmonie soit parfaite entre Votre Majesté et nous, si le ministère est suspect ...?

1. *Zur Diskussion über Konsens, Rhetorik und ihren Zwangscharakter*

Rhetorik, als „Kunst der Überzeugung und Überredung in Situationen, in denen praktische Fragen zur Entscheidung gebracht werden", der „Kunst des Verstehens und Verständlichmachens" [1] symmetrisch gegenübergestellt, hat in der Hermeneutik-Diskussion an der Wende von den 60er zu den 70er Jahren Fragen aufgeworfen, deren Beantwortung zur Ausbildung zweier gegensätzlicher Modelle der Praxis politischer Willensbildung führte. Der von H.-G. Gadamer vertretenen Meinung, daß „alle sozialen und politischen Willensbildungen ... vom Aufbau gemeinsamer Überzeugungen *durch Rhetorik* abhängig" [2] seien, hielt J. Habermas die – als kontrafaktisch eingeführte, aber in der Rezeption oft als Vorgabe rea-

* Die französischsprachigen Zitate sind entnommen aus: Archives Parlementaires de la France – 1ère serie 1787–1799. Bd. VIII, Paris 1875 (Neudruck Liechtenstein 1969), S. 240–242. – Anm. des Herausgebers.

[1] J. Habermas: Der Universalitätsanspruch der Hermeneutik, in: K.-O. Apel u. a.: Hermeneutik und Ideologiekritik, Frankfurt a. M. 1971, S. 120–159, hier S. 120.

[2] H.-G. Gadamer: Replik, in: Hermeneutik und Ideologiekritik, S. 283–317, hier S. 316.

lisierbarer Praxis mißverstandene – Konzeption einer idealen Sprechsituation entgegen, in der Konsens durch die *freie Bestimmung* aller Diskutierenden – ohne Rhetorik also – erreicht werden sollte.[3] Habermas warf dem rhetorisch hervorgebrachten Konsens das „Moment Gewalt" vor, das sich in „der merkwürdigen Ambivalenz zwischen Überzeugung und Überredung"[4] verriete; er mußte sich seinerseits den Einwand gefallen lassen, daß soziale Praxis im Sinne der idealen Sprechsituation, das heißt: soziale Praxis ohne das 'Zwangsmoment der Rhetorik', auch in einer fernen, repressionsarmen Zukunft nicht denkbar sei.[5]

Dieser Ablehnung und Verteidigung der Rhetorik fehlte eine nähere Bestimmung der Eigentümlichkeit von rhetorischer Rede im Gegensatz zu anderen Redeformen. Erst sie hätte eine Entscheidung hinsichtlich der Frage ermöglicht, ob es in manchen Situationen tunlich sei, zugunsten einer (beschleunigten) Konsensbildung mit rhetorischen Mitteln das der Rhetorik immanente 'Zwangsmoment' in Kauf zu nehmen. Eine solche Bestimmung rhetorischer Rede und ihres angeblichen Zwangscharakters kann prinzipiell weder von einem Inventar sprachlicher Verfahren ausgehen, deren Rekurrenz in jeweiligen Texten diese schon als 'rhetorisch' qualifizierte, noch den gordischen Knoten des aufgegebenen Problems durchschlagen, indem sie kurzerhand 'rhetorisch' all jene Texte nennt, die sich funktional dem Aufbau gemeinsamer Überzeugungen zuordnen ließen.[6] Vielmehr muß die *sprachliche Konstitutionsform* 'rhetorisch' genannter Texte in bezug auf *ihre Situationen und ihre Funk-*

[3] Diesen Vorschlag hat Habermas unter Rückgang auf die Ordinary Language Philosophy und die von W. Kamlah und P. Lorenzen entwickelte 'Konsenstheorie der Wahrheit' ausgearbeitet. Vgl. ders./N. Luhmann: Theorie der Gesellschaft oder Sozialtechnologie?, Frankfurt a. M. 1971, S. 101–141.

[4] Der Universalitätsanspruch der Hermeneutik, S. 123.

[5] Vgl. Gadamer: Replik, S. 314.

[6] Von der ersten der beiden hier abgelehnten Definitionsmöglichkeiten der Rhetorik geht H. Lausbergs Buch ›Elemente der literarischen Rhetorik‹ (München [3]1967) aus, die zweite Variante diskutiert etwa H. Geißner: Das handlungstheoretische Interesse an Rhetorik oder: das rhetorische Interesse an gesellschaftlichem Handeln, in: H. Plett (Hrsg.): Rhetorik – kriti-

tionen bestimmt werden, da sich das Verhältnis zwischen 'Kosten' und 'Leistung' rhetorischer Sprache nur aus der Analyse ihrer je besonderen Verwendung rekonstruieren und beurteilen läßt. Eine Untersuchung rhetorischer Rede, die nicht auf die Beschreibung eines Codes aus ist, sondern Verstehen und Kritik von Formen der *Sprachverwendung* anstrebt, hat also von einer funktional-strukturalen Interpretation historischer Exempla auszugehen, wie sie etwa in den Sitzungsprotokollen der Parlamente der Französischen Revolution vorliegen.

Vor der Interpretation einer ersten Diskussionspassage aus diesem Korpus ist der Terminus 'Konsens' näher zu bestimmen, da er das Ziel bezeichnet, auf dessen Erreichung rhetorische Sprachverwendung hier befragt werden soll. Ich möchte vorschlagen, Habermas' Definition, nach der Konsens zwischen solchen Sprechern vorliegt, die eine bestimmte Proposition stets mit der Sprachhandlung des Behauptens verbinden,[7] vorerst wie folgt zu erweitern: Konsens besteht dann, wenn Sprecher gleiche Propositionen mit gleichen Sprachhandlungen – nicht allein mit der des Behauptens – verbinden. Diese Modifikation läßt sich mit dem Hinweis auf den Sachverhalt begründen, daß man von Konsens nicht allein in bezug auf Personen redet, die gleiche Dinge für wahr halten (sie mithin zu 'behaupten' bereit sind); es gibt auch einen Konsens des Forderns, des Ablehnens, des Vermutens etc., Formen der Übereinstimmung zwischen Subjekten, die gerade in bezug auf die Rhetorik als 'Anwältin des Wahrscheinlichen'[8] konstitutiv sind. Solche von einem Redner erreichte momentane Einheit der Sprachverwendung seiner

sche Positionen zum Stand der Forschung, München 1977, S. 230–251, hier S. 236.

[7] Vgl. Vorbereitende Bemerkungen zu einer Theorie der kommunikativen Kompetenz, in: Theorie der Gesellschaft oder Sozialtechnologie?, S. 101–141, hier S. 124f. – Habermas geht hier von den Vorschlägen einer linguistischen Pragmatik aus, die J. R. Searle: Sprechakte – ein sprachphilosophisches Essay, Frankfurt a. M. 1971, erarbeitet hat. Sie liegen auch unserer folgenden Analyse als terminologische Vorgabe zugrunde.

[8] Vgl. H.-G. Gadamer: Rhetorik, Hermeneutik und Ideologiekritik, in: Hermeneutik und Ideologiekritik, S. 57–82, hier S. 63.

Hörer *kann* gemeinsame Situationsorientierung und gemeinsames Handeln begründen. Ihr Beitrag zur Veränderung politischer Machtkonstellationen und Gruppen ist freilich allein unter Berücksichtigung ihrer langfristigen Bewährung – und auch dann nur hypothetisch – faßbar.

2. *Zur historischen Situation des 16. Juli 1789 und den Redezielen Mirabeaus*

Wenn wir vor der Interpretation einer Rede Mirabeaus und der ihr folgenden Diskussion deren politisch-historischen Kontext skizzieren, so geschieht das, weil sich erste, die Analyse leitende Hypothesen über die Konsensziele, welche einzelner Reder verfolgten, nur aus der Kommunikationssituation ableiten lassen. Am 11. Juli 1789, fünf Tage vor Mirabeaus Rede, hatte Ludwig XVI. Necker und eine Reihe weiterer 'liberaler' Minister entlassen.[9] Die Reaktion der Bevölkerung von Paris auf diesen überraschenden Schritt des Königs, der heute eher als ein Sieg seiner engsten Umgebung denn als Ergebnis eigener Entscheidungen gedeutet wird, konkret: die (nicht unbegründete) Furcht vor einer Besetzung der Stadt und vor einer Lahmlegung der Nationalversammlung als Ziel des neuen Kabinetts, wurde zu einem Hauptmotiv für die kollektiven Handlungen des 14. Juli 1789. Diese machten Ludwig XVI. und seiner Umgebung drastisch die Grenzen ihres Handlungsspielraums bewußt und setzten die kurz zuvor noch um ihr bloßes Fortbestehen besorgte Nationalversammlung in die Rolle der Vermittlerin zwischen 'Stadt' und 'Hof'. Sie konnte nun zwar vom König Handlungen *fordern*, war aber mehr denn je auf das *Vertrauen* der Bevölkerung von Paris angewiesen, die sich erstmals als Handlungssubjekt manifestiert hatte. In dem auf Drängen der Abgeordneten vollzogenen Abmarsch der um Paris konzentrierten Truppen schlug

[9] Die geschichtswissenschaftlichen Informationen, von denen die folgende Analyse ausgeht, sind ausschließlich dem Standardwerk von F. Furet/ D. Richet: Die Französische Revolution, Frankfurt a. M. 1968, entnommen.

sich die Einsicht der Minister in diese neue Lage nieder. Die Worte, mit denen der König am 15. Juli 1789 vor der Nationalversammlung die Ankündigung dieses ersten Rückzugs einleitete, zeigen, daß sich seine Haltung zur Volksvertretung grundlegend gewandelt hatte:

Le chef de la nation vient *avec confiance du milieu de ses représentants* leur témoigner sa peine, et les inviter à trouver les moyens de ramener l'ordre et le calme.

Am 15. Juli 1789 gelang es den gemäßigten Abgeordneten freilich noch, einen Vorstoß der Liberalen Barnave und Mirabeau abzuwehren, der darauf abzielte, dem vollzogenen «renvoi des troupes» unter Hinweis auf die Stimmung in Paris die Forderung eines «renvoi des ministres» folgen zu lassen:

dans une aussi belle journée, il faut laisser le Roi dans la joie et goûter en silence le bonheur d'être Roi d'une nation aussi fidèle; . . . il faut au moins lui laisser vingt-quatre heures.

Die Sitzung des 16. Juli begann mit einem die Einheit zwischen König und Volk beschwörenden 'sehr detaillierten Bericht' der konservativen Abgeordneten Mounier und Lally-Tollendal über ihre Erlebnisse als Abgesandte der Nationalversammlung bei einer 'Kundgebung' in Paris. Aus dieser Situation ergeben sich klar die Ziele, welche Mirabeau als nächster Redner mit seinem Projet d'adresse au roi verfolgte: Er war bestrebt, Ludwig XVI. zur Entlassung der neuen Minister zu bewegen. Das bedeutete auch, daß er im noch verfassungslosen Zustand darauf aus war, die Unterwerfung des Königs als Exekutivgewalt unter die Entscheidungen der Volksversammlung einzuspielen, also eine Beziehung der beiden Instanzen zu antizipieren, die Wochen später bei den Beratungen über die Verfassung zum zentralen Streitpunkt zwischen liberalen und konservativen Abgeordneten werden sollte. Mirabeaus Rede richtete sich demnach zum einen an den König mit dem Ziel, Konsens im *erklärten Mißtrauen* gegenüber dem Kabinett zu erreichen und damit dessen Entlassung zu bewirken; zugleich sprach er zu den Abgeordneten, die ihre Zustimmung zu einem Gesuch an den König geben sollten, welches den Anspruch der Versammlung vorwegnahm,

Handlungen vom Monarchen zu *fordern*. Auf diese beiden Konsensziele ist die Adresse Mirabeaus zu beziehen, auch wenn die Mißtrauenserklärung erst an ihrem Ende artikuliert ist und der Anspruch, Handlungen vom König zu fordern, später, nämlich bei Mirabeaus zweitem Eingreifen in die Diskussion, explizit gemacht wird. Solche Vorsicht war offenbar geboten, um einem Zurückschrecken der Angesprochenen vor den ihnen angetragenen Traditionsbrüchen vorzubauen. Ein interpretatorisches Vorgehen, bei dem die manifeste Bedeutung der Texte auf eine vorerst nur postulierte latente Bedeutung hin befragt wird, welche von der Interpretation bestätigt oder widerlegt werden kann, läßt sich nach P. Ricœur als hermeneutisches bestimmen. Hermeneutik setzt bei Diskursen ein, „deren intentionale Struktur das Lesen eines anderen Sinns im ersten, wörtlichen, unmittelbaren Sinn erheischt“ [10].

3. Mirabeaus Projet d'adresse au roi: Huldigung mit Zwangscharakter

Wir beginnen die Analyse des Projet d'adresse mit einer Zuordnung der in der klassischen Rhetorik vorgegebenen Redeteile auf jenes der beiden Ziele Mirabeaus, das sich in der historischen Retrospektive als das weiterreichende darstellt, nämlich die Zustimmung der Abgeordneten zur riskanten *Forderung* an den König zu gewinnen. Das heißt in linguistisch-pragmatischer Terminologie, daß wir die ganze Rede von der Absicht des Redners her als eine komplexe 'Sprachhandlung des *Forderns*' verstehen. Doch gerade Mirabeaus Intention, Zustimmung zu einem solchen, innovativen Schritt zu gewinnen, machte es nötig, die zur Beistimmung unterbreitete Sprachhandlung des Forderns durch die sprachlichen Indikatoren anderer, untergeordneter Sprechakte, die im einzelnen noch zu bestimmen sind, zu realisieren und gleichzeitig zu verschleiern.

'Etwas von jemanden fordern' heißt, ihn daran erinnern, daß er verpflichtet ist, in der Zukunft Handlungen auszuführen; wer eine

[10] Die Interpretation – ein Versuch über Freud, Frankfurt a. M. 1969, S. 24.

Forderung an jemanden richtet, muß bereit sein, das Bestehen dieser Verpflichtung zu erweisen. Wenn nun Mirabeau in der *Prämisse* seiner Rede dem König im Dank für das der Nationalversammlung geschenkte Vertrauen das Vertrauen des Volkes aussprach, in der *propositio* das Mißtrauen der Assemblée nationale gegenüber den neuen Ministern artikulierte und daraus in der *argumentatio* folgerte, daß ein König, der das Vertrauen des Volkes und seiner Vertreter erhalten wollte, mit solchen Ministern brechen mußte, so demonstrierte er, daß Ludwig XVI. zur Entlassung des Kabinetts verpflichtet war. Deshalb kann man behaupten, daß sein in der *conclusio* formulierter 'Vorschlag' an den König in der besonderen Redesituation die Funktion einer Forderung hatte. Dieses generelle Abweichen der an der Textoberfläche faßbaren Indikatoren einzelner Sprechakte von Mirabeaus Redeziel verbarg den Abgeordneten, daß sie ihre Zustimmung zu einer Forderung an den König geben sollten, und hätte den König – wäre ihm diese Rede je vorgetragen worden – vielleicht in der Illusion gelassen, über sein Handeln frei entscheiden zu können.

Tatsächlich wurde er schon mit den einleitenden Dankesformeln Mirabeaus in seiner Freiheit eingeschränkt: Die «sollicitude paternelle» und die «pureté des intentions», für die Mirabeau im Namen des Volkes dankte, hatte Ludwig XVI. zwar am Vortag für sich in Anspruch genommen, aber doch nur, um dem möglichen Vorwurf zu entgehen, er habe jene Repressionen, welche zu den Ereignissen des 14. Juli führten, mitverschuldet. Indem Mirabeau dem König für solche 'väterliche Fürsorge' den Dank des Volkes aussprach, legte er ihn auf eine Position fest, welche dieser in einer besonderen politischen Zwangslage bezogen hatte – als eine ihn *momentan* schützende Rolle, wie seine Handlungen in den folgenden Monaten deutlich bewiesen. Akzeptierte Ludwig XVI. als potentieller Adressat der Rede eine solche Huldigung, dann durfte er den Mißtrauensantrag der Nationalversammlung nicht mehr zurückweisen, ohne den Anschein widersprüchlichen Handelns zu erwecken – eine Konsequenz, deren er sich jedoch *vor* der Erklärung des Mißtrauens gar nicht hätte bewußt sein können.[11] Der von Mirabeau zu

[11] Ch. Perelman und H. Olbrechts-Tyteca haben die hier analysierte

Beginn seiner Rede vollzogene Sprechakt des *Dankens* hat im besonderen situationalen Kontext die Funktion des *Erinnerns an eine Verpflichtung* und rückt den Redner unmerklich in die Rolle dessen, der zu fordern berechtigt ist.

Bevor Mirabeau aber Profit aus dieser Position schlagen konnte, hatte er die schwierige Aufgabe einer Begründung der *Mißtrauenserklärung* zu bewältigen. Der Ausdruck von Mißtrauen gegenüber den Absichten von Personen gewinnt erst dann öffentliche Berechtigung, wenn er auf gegenwärtige und vergangene Handlungen verweisen kann, die Vermutungen über die Unaufrichtigkeit dieser Handlungssubjekte plausibel erscheinen lassen. Die der analysierten Redeeinleitung Mirabeaus implizite Klage über die Truppenkonzentration um Paris sollte als Vorbereitung der Mißtrauenserklärung offenbar gerade den Mangel an solchen Verdachtsmomenten kompensieren.

Hinzu kommt, daß Mirabeau vermeiden mußte, konservative Abgeordnete und vor allem den König durch allzu direkte Angriffe in die Rolle von Verteidigern der Minister zu manövrieren, statt sie im Bewußtsein der aus einer «sollicitude paternelle» entstehenden Verpflichtungen zu stärken. Deshalb offenbar fiel das Wort «ministres» zum erstenmal, nachdem Mirabeau schon eine gute Hälfte der Rede vorgetragen hatte: Bis dahin hatten sich seine Angriffe gegen «sinistres conseils», «perfides conseils», gegen eine 'verabscheuenswerte Politik, die sich schmeichelte, den König in Konflikt mit seinen treuen Untertanen zu bringen', gerichtet. Die Verbindung von Verben des politischen Handelns mit Abstrakta als Subjekten ist Ausdruck von Mirabeaus rhetorischer Vorsicht, welche die Verwendung von Personenbezeichnungen erst zuließ, wo er sicher mit der Beistimmung seiner Hörer in der Empörung rechnen konnte. Solcher Konsens wurde von der Perspektive seiner Vorwürfe suggeriert, welche stets voraussetzten, daß sich die Pläne der Minister gegen das Volk, die ganze Nationalversammlung *und* Lud-

'rhetorische' Taktik beschrieben, an das Schweigen der Hörer gegenüber der Entfaltung scheinbar trivialer Prämissen weitreichende Folgerungen zu binden: La nouvelle rhétorique – traité de l'argumentation, Paris 1958, S. 145f.

wig XVI. richteten. Ihre sprachliche Realisierung war weitgehend von der Verwendung des Personalpronomens «nous» getragen, das zwar primär auf das kollektive Subjekt 'Nationalversammlung' bezogen war, aber an vielen Stellen die Möglichkeit einer Einbeziehung des Königs offenhielt. Wurde mit diesen Mitteln – fast unmerklich – eine Solidarität zwischen Redner und verschiedenen Hörergruppen aufgebaut, so evozierte eine drastische Metaphorik gerade in der ansonsten so vorsichtigen ersten Hälfte der Adresse ein Abscheu und Furcht erweckendes Feindbild: 'Frevelnde Hände' hätten sich an den Volksvertretern vergreifen wollen, um 'die Konstitution schon in ihrer Wiege zu ersticken'; gar mit Vampiren, die dem Volk sein Blut aussaugen sollten, wurden Spekulanten im Dienst der Minister verglichen.

Daß solche in ihrer Referenz recht unklaren Vorwürfe konkrete Anhaltspunkte für eine Anklage und die Erklärung des Mißtrauens nur dürftig ersetzten, war Mirabeau offenbar bewußt. Denn er nahm den zu erwartenden Vorwurf der Schwarzmalerei vorweg, um für sich eine besondere Methode zur Legitimierung der folgenden Mißtrauenserklärung in Anspruch zu nehmen:

Vous nous accusez de charger de couleurs trop sombres des projets avec lesquels vous ne pensez pas qu'aucun homme ait été assez téméraire pour vous approcher. Mais, Sire, *nous jugeons par ce qu'ils ont fait ce qu'ils voulaient faire* ...

Eben dieses Prinzip kann Mirabeau nur scheinbar befolgen: Wo die erste Tirade seiner ins Konditional gefaßten *Vorwürfe* von Indikativformen unterbrochen wird, *klagt* er die Minister nicht etwa beweisbarer vergangener Verbrechen *an*, sondern ergeht sich in *Vermutungen* über Hoffnungen, welche sie sich in der Vergangenheit gemacht haben möchten: «ils ont espéré faire des coupables, afin de se donner des droits contre la nation». Der Schluß auf die Handlungsabsichten als Vorbedingung der Mißtrauenserklärung baut also durchaus nicht auf der Benennung vergangener Handlungen auf.

Im weiteren Verlauf der Rede treten Frageformen an die Stelle der fingierten Anklagen und der von ihnen abgestützten vagen Vorwürfe. Wenn Mirabeau etwa *fragte*, ob dieses Kabinett denn wohl 'beispielhaft im Befolgen der Gesetze, in der Achtung einer hochherzigen Nation' gewesen sei, anstatt es der Disziplinlosigkeit in der Regierungsführung zu *bezichtigen*, profitierte er von dieser syntaktischen Verschleierung seines eigentlichen Sprechakts in doppelter Hinsicht: Er entzog sich der Verpflichtung, diese Disziplinlosigkeit der Minister zu erweisen, und er überließ es seinen Hörern, die suggerierte Antwort zu finden – machte sie so zu Mitanklägern –, statt ihre Zweifel mit schwer belegbaren direkten Vorwürfen zu wecken. Der Terminus '*rhetorische* Frage', mit dem man solch uneigentliche Verwendung der Indikatoren des Sprechakts 'Frage' bezeichnet, deutet an, wie die Ergebnisse dieses ersten Interpretationsteils im Hinblick auf das Problem der Vollzugsformen konsensorientierter Rede und ihres Zwangsmoments zusammengefaßt werden können. Alle Teile von Mirabeaus Adresse lassen sich auf das Ziel des Redners beziehen, Beistimmung zu einer *Forderung* zu erreichen, ohne daß diese Funktion durch die üblichen illokutionären Indikatoren kenntlich gemacht wäre: Das gilt für den verpflichtenden Dank als *Prämisse* ebenso wie für die Scheinfragen in der *propositio*. Sie sind aber erst vom Ende der Rede her als Vorbereitungen der Mißtrauenserklärung und der Anklage zu erkennen. 'Rhetorisch' nennt man also anscheinend die auf vielfältige Weise 'uneigentliche' Verwendung illokutionärer Mittel; ihr Zwangsmoment (mindestens in dieser Rede) liegt darin, daß eine solche Sprachverwendung den Hörer in Ungewißheit über die intendierten Folgen seiner Beistimmung zu sukzessiven Konsensangeboten hält.

4. Die Rezeption des Projet d'adresse: Schrittweise Aufdeckung rhetorischen Zwangs

Folgt man genau den historiographischen Darstellungen der sich überstürzenden Ereignisse der Tage um den 16. Juli 1789, dann kann die Wirkung von Mirabeaus Adresse nur im Hinblick auf ein Ziel befragt werden, nämlich im Hinblick auf die Absicht, den Abgeordneten die Beistimmung zu einer kaschierten Forderung an den König abzugewinnen, weil Ludwig XVI. noch vor Erhalt dieser Adresse der Nationalversammlung seine Entscheidung mitteilen ließ, das neue Kabinett zu entlassen: Das geschah eben in dem Augenblick, als man nach zwei Diskussionen und einer weiteren Rede Mirabeaus die Verabschiedung des von ihm vorgelegten Textes beschlossen hatte. Damit unterlief der König zwar den Plan der liberalen Deputierten, die seine erste Unterwerfung unter den Willen der Nationalversammlung hatten erzwingen wollen, aber da zu vermuten ist, daß Ludwig XVI. diesen Schritt in Kenntnis von Mirabeaus Rede und ihrer Wirkung auf die Nationalversammlung vollzog, scheint sie auch ihr zweites Redeziel, die Entlassung der Minister, erfüllt zu haben.

Die These, Mirabeau habe die Beistimmung der Abgeordneten zu einer *Forderung* an den König betrieben, welche der interpretatorische Vorgriff des vorausgehenden Abschnitts war und gerade durch die negierenden Schlußworte Mirabeaus – «nous ne prétendons point dicter le choix de vos ministres» – bekräftigt wird, erfährt in der Reaktion der Nationalversammlung volle Bestätigung. Ihre Diskussion kann als ein politischer Handel zwischen den konservativen Abgeordneten, die eine Unterwerfung des Königs nicht für statthaft hielten, ihn aber zur Wiedereinsetzung Neckers bewegen wollten, und den Liberalen, die keine Neigung zur Rehabilitierung Neckers zeigten,[12] dafür jedoch das von Mirabeau anvisierte neue Verhältnis zwischen Thron und Volksvertretung verwirklichen wollten, verstanden werden.

Nachdem durch Akklamation Mirabeaus Projet d'adresse um den Antrag erweitert worden war, Necker neuerlich zu berufen, ergriff der Liberale Barnave das Wort. Er beteuerte zwar, mit seinem Vorredner Mirabeau darin einig zu sein, daß die Versammlung nichts vom König zu fordern habe («n'a pas le droit de demander»), akzentuierte dann aber doch die Zielrichtung von Mirabeaus Vorschlag, indem er darauf hinwies, daß der «renvoi des ministres» durch die Mißtrauenserklärung 'notwendig werde'. Da Barnave auf der anderen Seite die Wiedereinsetzung Neckers mit dem Argument ablehnte, man könne dem König nicht die Zusammenarbeit

[12] Schon im September 1789 sollte Marat den im Juli von Ludwig XVI. entlassenen Necker als 'Komplizen der Aristokratie' attackieren. Vgl. Furet/Richet, S. 117.

mit einem Minister zumuten, der ihm mißfallen habe, lief die Begründung des liberalen Maximalprogramms auf den Vorschlag hinaus, Nationalversammlung und Thron durch beiderseitiges Vetorecht gegenüber beiderseitigen Handlungen aneinander zu binden. Im Fortgang der Diskussion erwies sich die Offenheit, mit der Barnave das Vetorecht für die Abgeordneten gefordert hatte, als schwerwiegender taktischer Fehler; denn die unpersönliche Formulierung «le renvoi devient nécessaire» verbarg den wirklichen Anspruch der Liberalen kaum mehr.

Die vier folgenden Redner – offenbar alle der konservativen Richtung angehörend – gingen auf Barnaves Vorschlag nicht ein. Drei von ihnen scheinen durch die Ankündigung ihrer Demission und den Dank, welchen sie Vertretern des Adels und des Klerus aussprachen, die sich nach langem Zögern der Nationalversammlung angeschlossen hatten, von der Diskussion der Adresse ablenken gewollt zu haben – und mußten dafür eine Rüge des Parlamentspräsidenten hinnehmen. Der Adlige Millon de Montherlant formulierte in dem Gegenentwurf einer Adresse das Maximalprogramm der Konservativen: Er schlug den Deputierten vor, sich dem König 'wie Kinder ihrem Vater' zu nähern, um die Gewährung ihrer Bitte, die Wiederberufung Neckers, zu erreichen. Seine Formel «daignez nous rendre, Sire» einerseits und Barnaves Anspruch, Handlungen des Königs 'für notwendig' zu erklären, andererseits, bezeichnen als Indikatoren von Sprechhandlungen, welche der Nationalversammlung zur Beistimmung vorgeschlagen wurden, zwei extreme Konzepte des Verhältnisses zwischen Volksvertretung und Krone. Um ihre Durchsetzung kämpften nun Mounier und Mirabeau, die großen Protagonisten der konservativen und der liberalen Gruppe der Assemblée nationale in den ersten Monaten der Revolution.

Unter explizitem Bezug auf Barnave, dessen Ausführungen als «demande» interpretiert wurden, obwohl die Liberalen einen solchen Anspruch bisher von sich gewiesen hatten, deckte Mounier die von Mirabeau wohlweislich verschleierte Tragweite einer möglichen Beistimmung zu dessen Adresse auf:

Refuser sa confiance à un ministre à qui le Roi a donné sienne, serait de la part de l'Assemblée nationale *une manière indirecte d'obliger le Roi à le renvoyer . . .*

Welche politischen 'Unwetter' aus einer dazu berechtigenden Machtstellung des Parlaments erwüchsen, demonstriere, so Mounier, das Beispiel Englands. Mounier fand aber auch eine Rechtfertigung für den konservativen Anspruch auf Wiederberufung Nekkers, der zunächst mit der Ablehnung des Mißtrauensantrags verspielt schien: Ausnahmsweise sei eine solche Forderung gestattet, weil sie der König am Vortag – in der oben erwähnten Ansprache – eingeräumt habe.

Barnaves Versuch, die von ihm ungewollt vorbereitete Enthüllung der liberalen Ziele rückgängig zu machen, kam nach Mouniers Rede zu spät. Es war nicht mehr glaubhaft, daß er dem König nur die Entlassung der Minister vorgeschlagen («inviter»), nie aber eine Forderung erhoben haben wollte («exiger»), weil Mounier gezeigt hatte, daß die Mißtrauenserklärung ein Verpflichten des Königs auf eine bestimmte Handlung implizierte und deshalb den politischen Stellenwert einer Forderung hatte. Ein Rückzug war für die liberale Fraktion nun nicht mehr möglich. Sie war von Mounier in Zugzwang gesetzt worden, ihre Forderung auf Einfluß bei der Ministerwahl zu *begründen*. Barnaves vager Hinweis auf die Rechte einer 'jeden freien Nation' rettete die Liberalen nicht mehr aus diesem Dilemma.

[. . .]

BIBLIOGRAPHIE*

Ahlgrimm, I.: Die Rhetorik in der Barockmusik, in: Musica 22 (1968), S. 493 ff.

Albrecht, M. von/W. Schubert (Hrsg.): Musik in Antike und Neuzeit, Frankfurt a. M./Bern/New York 1987.

Alston, R. C./J. L. Rosier: Rhetoric and Style: A Bibliographical Guide, in: Leeds Studies of English N. S. 1 (1967), S. 137 ff.

Antos, G.: Rhetorisches Textherstellen als Problemlösen. Ansätze zu einer linguistischen Rhetorik, in: Z. f. Literaturwiss. u. Linguistik 11 (1981), S. 192 ff.

Arbusow, L.: Colores rhetorici, Göttingen 1963 (1948).

Arrivé, M.: Poetik und Rhetorik in Frankreich seit 1945, in: W. Haubrichs (Hrsg.): Erzählforschung. Z. f. Literaturwiss. u. Linguistik, Beiheft 4, Göttingen 1976, S. 78 ff.

Babilas, W.: Tradition und Interpretation, München 1961.

Baeumer, M. L. (Hrsg.): Toposforschung, Darmstadt 1973.

Baird, A. C.: Rhetoric. A Philosophical Inquiry, New York 1965.

Baldwin, C. S.: Ancient Rhetoric and Poetic, New York 1924.

–: Medieval Rhetoric and Poetic (to 1400), New York 1928.

–: Renaissance Literary Theory and Practice, New York 1939.

Bann, St.: Structuralism and the Revival of Rhetoric, in: Sociological Review Monographs 25 (1977), S. 68 ff.

Barilli, R.: Poetica e Retorica, Milano 1969.

Barner, W.: Barockrhetorik, Tübingen 1970.

–: Gryphius und die Macht der Rede, in: Dt. Viertelj. f. Literaturwiss. u. Geistesgesch. 42 (1968), S. 325 ff. (Teilabdruck).

Barthes, R.: L'ancienne rhétorique. Aide-mémoire, in: Communications 16 (1970), S. 173 ff. (Teilabdruck).

–: Rhétorique de l'image, in: Communications 4 (1964), S. 40 ff.

* Die Bibliographie, die nur einen kleinen Teil der einschlägigen Literatur berücksichtigen kann, soll primär das breit gestreute Interesse an Rhetorik beispielhaft belegen. Zur weiteren Information sind wichtige Bibliographien mit aufgenommen worden. Für hilfreiche Ratschläge bin ich bes. R. Aulich, W. Braun, R. Breymayer und M. M. Nickl zu Dank verpflichtet.

Barthes, R.: L'analyse rhétorique, in: Littérature et Société, Brüssel 1967, S. 31 ff.

Baumhauer, O. A.: Die sophistische Rhetorik, Stuttgart 1986.

Bausch, K.-H./S. Grosse (Hrsg.): Praktische Rhetorik. Beiträge zu ihrer Funktion in der Aus- und Fortbildung. Auswahlbibliographie, Mannheim 1985.

Beetz, M.: Rhetorische Logik. Prämissen der deutschen Lyrik im Übergang vom 17. zum 18. Jahrhundert, Tübingen 1980.

Behrens, R.: Problematische Rhetorik. Studien zur französischen Theoriebildung der Affektrhetorik zwischen Cartesianismus und Frühaufklärung, München 1982.

–: Französischsprachige rhetorische Theoriebildung im 17. und frühen 18. Jahrhundert. Eine Auswahlbibliographie, in: Z. f. französ. Sprache und Literatur 88 (1978), S. 326 ff.

Bettinghaus, E. P.: Persuasive Communication, New York 1967.

Betts, J. C.: The Marriage of Music and Rhetorik, Ph. Diss. Univ. of Minnesota 1972.

Betz, H. D.: Galatians: A Commentary on Paul's Letter to the Churches in Galatia, Philadelphia 1979.

Bielostocki, J.: Das Modusproblem in den bildenden Künsten, in: Z. f. Kunstgeschichte 24 (1961), S. 128 ff.

Binder, A.: Einführung in Metrik und Rhetorik, Kronberg 1974.

Black, E.: Rhetorical Criticism. A Study in Method, New York/London 1965.

Bonsiepe, G.: Visuell/verbale Rhetorik, in: Format IV/5 (1968), S. 2 ff.

Borinski, K.: Die Antike in Poetik und Kunsttheorie vom Ausgang des klassischen Altertums bis auf Goethe und W. v. Humboldt, 2 Bde., Darmstadt 1965 (1914/1924).

Bornscheuer, L.: Topik. Zur Struktur der gesellschaftlichen Einbildungskraft, Frankfurt a. M. 1976.

–: Artikel „Topik", in: Reallexikon der deutschen Literaturgeschichte 4 (1981), S. 454 ff.

Bosmajian, H. A.: The Rhetoric of Nonverbal Communication, Glenview, Ill. 1971.

Brandes, H.: Studien zur musikalischen Figurenlehre im 16. Jahrhundert, Berlin 1935.

Bremerich-Vos, A.: Neuere Arbeiten zu Rhetorik und Argumentation, in: Jahrbuch der Deutschdidaktik 1983/84, Tübingen 1984, S. 149 ff.

–: Zur Basis einer kritischen Rhetorik, in: Rhetorik 4 (1985), S. 47 ff.

Breuer, D.: Vorüberlegungen zu einer pragmatischen Textanalyse, in: Wirkendes Wort 22 (1972), S. 1 ff. (Abdruck).

–: Einführung in die pragmatische Texttheorie, München 1974.
–: Die Bedeutung der Rhetorik für die Textinterpretation, in: Plett (Hrsg.) 1977, S. 23ff.
–: Die bibliographische Situation der historischen Rhetorikforschung, in: Deutsche Forschungsgemeinschaft. Beiträge zur bibliographischen Lage in der Germanistischen Literaturwissenschaft, Boppard 1981, S. 199ff.
Breuer, D., u. a. (Hrsg.): Literaturwissenschaft. Eine Einführung für Germanisten, Frankfurt a. M./Berlin/Wien 1973.
Breuer, D./S. Kopsch: Rhetoriklehrbücher des 16. bis 20. Jahrhunderts. Eine Bibliographie, in: Schanze (Hrsg.) 1974, S. 218ff.
Breuer, D./H. Schanze (Hrsg.): Topik, München 1981.
Breymayer, R.: Untersuchungen zur Rhetorik pietistischer Texte, Magisterarbeit Bonn 1970.
–: Rhetorik und Folkloristik, in: Linguistica Biblica 7/8 (1971), S. 2ff.
–: Zur Pragmatik des Bildes, in: Linguistica Biblica 13/14 (1972), S. 19ff. (Bibliographie ebd. S. 52ff.).
–: Bibliographie zum Thema „Luther und die Rhetorik", in: Linguistica Biblica 21/22 (1973), S. 39ff.
–: Rhetorik und empirische Kulturwissenschaft, in: Plett (Hrsg.) 1977, S. 187ff.
Brooks, C./R. P. Warren: Modern Rhetoric, New York 1970.
Bryant, D. C.: Rhetorical Dimensions in Criticism, Baton Rouge 1973.
Bryant, D. C. (Hrsg.): Rhetoric and Poetic, Iowa City 1965.
Buelow, G. J.: Music, Rhetoric, and the Conception of the Affections: A Selected Bibliography, in: Notes 30 (1973/74), S. 250ff.
Bühlmann, W./K. Scherer: Stilfiguren der Bibel, Fribourg 1973.
Burke, K.: A Rhetoric of Motives, New York 1950 (ebd. 1962: A Grammar of Motives and a Rhetoric of Motives).
Cahn, M.: Kunst der Überlistung. Studien zur Wissenschaftsgeschichte der Rhetorik, München 1986.
Castelli, E. (Hrsg.): Retorica e Barocco, Rom 1955.
Charland, Th. M.: Artes Praedicandi, Paris/Ottawa 1936.
Chesebro, I. W.: Contemporary Rhetorical Theory and Criticism. A Selected Annotated Bibliography, New York 1972.
Clarke, M. L.: Die Rhetorik bei den Römern, Göttingen 1968.
Cleary, J. W./F. W. Haberman: Rhetoric and Public Address: A Bibliography 1947–1961, Madison 1964.
Communications: Recherches rhétoriques 16 (1970).
–: Rhétorique et herméneutique 23 (1975).
Contardi, B.: La retorica e l'architettura barocca, Rom 1978.

Corbett, E. P. J.: A Basis Bibliography on Rhetoric, Champaign, Ill. 1968.
–: Rhetorical Analyses of Literary Works, New York/London/Toronto 1969.
Curtius, E. R.: Die Lehre von den drei Stilen im Altertum und im Mittelalter, in: Romanische Forschungen 64 (1952), S. 57 ff.
–: Europäische Literatur und lateinisches Mittelalter, Bern/München 1969 (1948).
Dahlhaus, C.: Musica poetica und musikalische Poesie, in: Archiv für Musikwissenschaft 24 (1966), S. 110 ff.
Dammann, R.: Der Musikbegriff im deutschen Barock, Köln 1967.
Darrenberg, K. H.: Studien zur englischen Musikästhetik des 18. Jahrhunderts, Hannover 1960.
Der Deutschunterricht: Beiträge zur literarischen Rhetorik 18 (1966), Logik, Rhetorik, Argumentationslehre I 27 (1975), Logik, Rhetorik, Argumentationslehre II 28 (1976).
Dieckmann, W.: Information oder Überredung. Marburg 1964.
–: Sprache in der Politik. Heidelberg 1969.
–: Bedarf an Rhetorik? In: Das Argument 95 (1976), S. 24 ff.
Diskussionsforum: Argumentation. In: Rhetorik 2 (1981), S. 131 ff.
Dix-septième Siècle: Points de vue sur la rhétorique. 80/81. 1968.
Dockhorn, K.: Macht und Wirkung der Rhetorik. Vier Aufsätze zur Ideengeschichte der Vormoderne. Bad Homburg 1968.
–: Rhetorik und germanistische Literaturwissenschaft in Deutschland. In: Jahrb. f. Internat. Germanistik 3. 1971, S. 168 ff.
–: Kritische Rhetorik? In: Plett (Hrsg.) 1977, S. 252 ff.
Douglas, D. G. (Hrsg.): Philosophers on Rhetoric, Skokie, Ill. 1973.
Dubois, J., u. a.: Rhétoriques particulières, in: Communications 16 (1970), S. 70 ff.
–: Allgemeine Rhetorik, München 1974 (1970).
–: Rhétorique de la poésie, Paris 1977.
Durand, J.: Rhétorique et image publicitaire, in: Communications 15 (1970), S. 70 ff.
Dyck, J.: Ticht-Kunst. Deutsche Barockpoetik und rhetorische Tradition, Bad Homburg 1969 (1965) (Teilabdruck).
–: Ornatus und Decorum im protestantischen Predigtstil des 17. Jahrhunderts, in: Z. f. deutsches Altertum u. deutsche Literatur 94 (1965), S. 225 ff.
–: Zur Kritik des herrschenden Rhetorikverständnisses, in: ders. (Hrsg.) 1974, S. 7 ff.
–: Bedarf an Rhetorikforschung?, in: Jahrb. f. Internat. Germanistik 6 (1976), S. 9 ff.

–: Rhetorical Studies in West Germany 1974–1976. A Bibliography, in: Rhetoric Society Quarterly 7 (1977), S. 1 ff.
–: Rhetorical Studies in West Germany 1971–1973. Ebd. 8 (1977), S. 77 ff.
–: Bibliographie der deutschen Rhetorikforschung 1945–1975, in: Wolfenbütteler Barock-Nachrichten 6 (1979), S. 262 ff.
–: Argumentation in der Schule. Ein Streifzug, in: Rhetorik 1 (1980), S. 135 ff.
–: Bibliographie zur Argumentationsforschung 1966–1978, in: Rhetorik 1 (1980), S. 153 ff.
Eco, U.: Einführung in die Semiotik, München 1972 (1968).
Eggebrecht, H. H.: Zum Figurenbegriff der Musica Poetica, in: Archiv für Musikwissenschaft 16 (1955), S. 57 ff.
–: H. Schütz. Musicus poeticus, Göttingen 1959.
Ehmer, H. K. (Hrsg.): Visuelle Kommunikation, Köln 1971.
Eisenhut, W.: Einführung in die antike Rhetorik und ihre Geschichte, Darmstadt 1974.
Erzgräber, W. (Hrsg.): Moderne englische und amerikanische Literaturkritik, Darmstadt 1970.
Faral, E.: Les arts poétiques du XIIe et du XIIIe siècle, Paris 1982 (1924).
Farassino, A.: Ipotesi per una retorica della communicazione forografica, in: Annali della Scuola Superiore di Communicazioni di Massa 4 (1969).
Fauser, M./W. Hilgendorff: Predigt und Homiletik in der deutschen Forschungsliteratur 1975–1985. Eine Bibliographie, in: Rhetorik 5 (1986), S. 149 ff.
Feldmann, F.: Mattheson und die Rhetorik, in: W. Gerstenberg u. a. (Hrsg.): Bericht über den Intern. Musikwiss. Kongreß Hamburg 1956, Kassel/Basel 1957, S. 99 ff.
Fischer, L.: Gebundene Rede. Dichtung und Rhetorik in der literarischen Theorie des Barock in Deutschland, Tübingen 1968.
–: Artikel „Rhetorik“, in: H. L. Arnold/V. Sinemus (Hrsg.): Grundzüge der Literatur- und Sprachwissenschaft. Bd. 1, München 1973, S. 134 ff.
–: Artikel „Topik“. Ebd. S. 157 ff.
–: Des Käufers Stellvertreter und sein Konterfei, in: Sprache im technischen Zeitalter 51 (1974), S. 261 ff.
–: Naturzauber, warenwirtschaftlich und poetisch, in: Jahrb. f. Intern. Germanistik VIII/2 (1976), S. 49 ff. (Teilabdruck).
Florescu, V.: Rhetoric and its Rehabilitation in Contemporary Philosophy, in: Philosophy and Rhetoric 3 (1970), S. 193 ff.
Folena, G. (Hrsg.): Attualità della retorica, Padua 1975.
Frank-Böhringer, R.: Rhetorische Kommunikation, Quickborn 1963.

Frye, N.: The Anatomy of Criticism, Princeton 1957.
Fuhrmann, M.: Rhetorik und öffentliche Rede, Konstanz 1983.
–: Die antike Rhetorik. Eine Einführung, München/Zürich 1984.
Fumaroli, M.: L'Age de l'éloquence: rhétorique et res literaria de la Renaissance au seuil de l'époque classique, Genf 1980.
Fusco, R. de.: Architektur als Massenmedium, Gütersloh 1972.
Gadamer, H.-G.: Rhetorik, Hermeneutik und Ideologiekritik, in: Kleine Schriften. Bd. 1, Tübingen 1967, S. 113 ff.
Gagnepain, J.: Linguistique et rhétorique, in: Revue de l'enseignement supérieur 1/2 (1967), S. 97 ff.
Gauger, H.: Die Kunst der politischen Rede in England, Tübingen 1952.
Geißner, H.: Rede in der Öffentlichkeit, Stuttgart 1969.
–: Sprechkunde und Sprecherziehung. Bibliographie der deutschsprachigen Literatur 1955–1965, Düsseldorf 1968.
–: Pragmalinguistik oder Rhetorik, in: Sprache und Sprechen 5 (1975), S. 31 ff.
–: Rhetorik und politische Bildung, Kronberg 1975.
–: Rhetorik. Studienmaterial, München 1978 (1973).
–: Sprechwissenschaft. Theorie der mündlichen Kommunikation, Königstein 1981.
–: Sprecherziehung. Didaktik und Methodik der mündlichen Kommunikation, Königstein 1982.
Genette, G.: Figures I, Paris 1966.
–: Figures II, Paris 1969.
–: Figures III, Paris 1972.
–: La rhétorique restreinte, in: Communications 16 (1970), S. 158 f.
Gläser, R.: Rhetorik und kommunikative Kompetenz, in: Linguistische Arbeitshefte 26 (1980), S. 29 ff.
–: Rhetorische Techniken und Kommunikationsverfahren, in: Textlinguistik 3 (1982), S. 1 ff.
Goldoni, D. (Hrsg.): Retorica e Poetica, Padua 1979.
Gombrich, E. H.: Renaissance Artistic Theory and the Development of Landscape Painting, in: Gazette des Beaux-Arts VI (1953), S. 335 ff.
–: Art and Illusion, London 1960.
Goth, J., u. a. (Hrsg.): Rhetorik, Ästhetik, Ideologie. Aspekte einer kritischen Kulturwissenschaft, Stuttgart 1973.
Grassi, E.: Macht des Bildes: Ohnmacht der rationalen Sprache, Köln 1970.
Grieswelle, D.: Rhetorik und Politik, München 1978.
Grözinger, A.: Das Verständnis von Rhetorik in der Homiletik, in: Theologia Practica 14 (1979), S. 265 ff.
Grünberg, W.: Homiletik und Rhetorik, Gütersloh 1973 (1971).

Gumbrecht, H. K.: Funktionen parlamentarischer Rhetorik in der Französischen Revolution, München 1978 (Teilabdruck).

Gurlitt, W.: Musik und Rhetorik, in: Helicon 5 (1944), S. 67ff.

–: Die Kompositionslehre des deutschen 16. und 17. Jahrhunderts, Bamberg 1953.

Hantsch, I./K. Ostheeren: Linguistik und Rhetorik, in: W. Welte (Hrsg.): Sprachtheorie und angewandte Linguistik, Tübingen 1982, S. 87ff.

Haverkamp, A. (Hrsg.): Theorie der Metapher, Darmstadt 1983.

Heilmann, L.: Rhetoric, New Rhetoric and Linguistic Theory, in: Folia Lingustica 12/3–4 (1978), S. 285ff.

Hellwig, A.: Untersuchungen zur Theorie der Rhetorik bei Platon und Aristoteles, Göttingen 1973.

Henne, H.: Sprachpragmatik. Nachschrift einer Vorlesung, Tübingen 1975 (Kap. 7).

Hiebel, H.: Witz und Metapher in der psychoanalytischen Wirkungsästhetik, in: Germanisch-Romanische Monatsschrift 28 (1978), S. 129ff.

Hildebrandt-Günther, R.: Antike Rhetorik und deutsche literarische Theorie im 17. Jahrhundert, Marburg 1966.

Hommel, H.: Artikel „Rhetorik“, in: Lexikon der Alten Welt, Zürich 1965, S. 2611ff.

Horn-Oncken, A.: Über das Schickliche. Studien zur Geschichte der Architekturtheorie, in: Abh. d. Akad. d. Wissensch. in Göttingen, Phil.-Hist. Kl. 70 (1967).

Horner, W. B. (Hrsg.): Historical Rhetoric. An Annotated Bibliography of Selected Sources in English, Boston 1980.

Hovland, C. J., u. a.: Communication and Persuasion, New Haven/London 1966.

Howell, W. S.: Logic and Rhetoric in England, 1500–1700, Princeton 1956.

–: Eighteenth-Century British Logic and Rhetoric, Princeton 1971.

–: Poetics, Rhetoric and Logic, Ithaca/London 1975.

Howes, R. F. (Hrsg.): Historical Studies of Rhetoric and Rhetoricians, Ithaca 1961.

Jaffe, S.: Freud as Rhetorician: Elocutio and the Dream-Work, in: Rhetorik 1 (1980), S. 42ff. (Teilabdruck).

Jahrbuch für Internationale Germanistik: Rhetorik und Literaturwissenschaft. VIII. 1976–IX. 1977.

Jakobson, R.: Poesie der Grammatik und Grammatik der Poesie, in: H. Kreuzer/R. Gunzenhäuser (Hrsg.): Mathematik und Dichtung, München 1965. S. 21ff.

–: Linguistik und Poetik, in: J. Ihwe (Hrsg.): Literaturwissenschaft und Linguistik. Bd. 1, Frankfurt a. M. 1972, S. 99ff. (1960).

Jakobson, R.: Zwei Seiten der Sprache und zwei Typen aphatischer Störungen, in: ders.: Aufsätze zur Linguistik und Poetik (Hrsg. W. Raible), München 1979, S. 117ff. (1956).

Jamison, R.: Auswahlbibliographie zur Predigtgestaltung 1945–1979, in: Theologia Practica 17 (1982), S. 173ff.

Jamison, R./J. Dyck: Rhetorik, Topik, Argumentation. Bibliographie zur Redelehre und Rhetorikforschung im deutschsprachigen Raum 1945 bis 1979/80, Stuttgart-Bad Cannstatt 1983 (ebd. S. 270f. Bibliographie).

Jehn, P. (Hrsg.): Toposforschung. Eine Dokumentation, Frankfurt a. M. 1972 (ebd. S. 320ff. Bibliographie).

Jens, W.: Artikel „Rhetorik", in: Reallexikon der deutschen Literaturgeschichte 3 (1971), S. 432ff.

Jensen, J. H.: The Muses' Concord. Literature, Music and the Visual Arts in the Baroque Age, London 1976 (bes. Kap. 4).

Johannesen, R. L. (Hrsg.): Contemporary Theory of Rhetoric, New York etc. 1971.

Josuttis, M.: Homiletik und Rhetorik, in: Pastoraltheologie 57 (1968), S. 511f.

–: Eine Renaissance der Rhetorik, in: Verkündigung und Forschung 20 (1975), S. 22ff.

–: Rhetorik und Theologie in der Predigtarbeit, München 1985.

Junker, H.: Rhetorik und Textgrammatik, in: Romanische Forschungen 88 (1976), S. 378ff.

Kaemmerling, E.: Rhetorik als Montage, in: F. Knilli/E. Reiss (Hrsg.): Semiotik des Films, München 1971, S. 94ff.

–: Aspekte einer semiotischen Rhetorik und Stilistik, in: Sprachkunst 4 (1973), S. 189ff.

Kager, G.: De doctrina christiana von Aurelius Augustinus. Die erste Anweisung zur christlichen Redekunst, Diss. Wien 1970.

Kalivoda, G.: Parlamentarische Rhetorik und Argumentation, Frankfurt a. M. 1986.

Kalverkämper, H.: Antike Rhetorik und Textlinguistik, in: M. Faust u. a. (Hrsg.): Allgemeine Sprachwissenschaft, Sprachtypologie und Textlinguistik. FS f. P. Hartmann, Tübingen 1983, S. 349ff.

Kemp, M.: From Mimesis to Fantasia: The Quattrocento Vocabulary of Creation, Inspiration, and Genius in the Visual Arts, in: Viator 8 (1977), S. 347ff.

Kennedy, G. A.: The Art of Persuasion in Greece, Princeton 1963.

–: The Art of Rhetoric in the Roman World, Princeton 1972.

–: Classical Rhetoric and its Christian and Secular Tradition from Ancient to Modern Times, University of North Carolina Press 1980.

–: New Testament Interpretation through Rhetorical Criticism, Chapel Hill 1984.

Kibédi-Varga, A.: Rhetorique et littérature, Paris 1970.

Kinneavy, J. L.: A Theory of Discourse, Englewood Cliffs 1971.

Kirkendahl, W.: Beethovens Missa solemnis und die rhetorische Tradition, in: Sitzungsber. d. Öster. Akad. d. Wissensch., Phil.-Hist. Kl. 271 (1971), S. 121 ff.

Klinkenberg, J.-M., u. a.: Plan d'une rhétorique de l'image, in: Kodikas. Code 3 (1980), S. 249 ff.

Knappe, K.-B.: Rhetorik und Pragmatik? Überlegungen zur sprachwissenschaftlichen Rhetorik, in: H. Weber/H. Weydt (Hrsg.): Sprachtheorie und Pragmatik, Tübingen 1976, S. 255 ff.

Kopperschmidt, J.: Rhetorik und Theodizee. Studie zur hermeneutischen Funktionalität der Rhetorik bei Augustin, in: Kerygma und Dogma 17 (1971), S. 273 ff. (Abdruck).

–: Kritische Rhetorik statt moderner wissenschaftlicher Rhetorik, in: Sprache im technischen Zeitalter 45 (1973), S. 18 ff.

–: Pro und Contra im Fernsehen, in: Der Deutschunterricht 27 (1975), S. 42 ff.

–: Allgemeine Rhetorik, Stuttgart 1976 (1973).

–: Zwischen Sozialtechnologie und Kritik, in: Jahrb. f. Internat. German. IX (1977), S. 53 ff.

–: Das Prinzip vernünftiger Rede, Stuttgart 1978.

–: Argumentation, Stuttgart 1980.

–: Topik und Kritik, in: Breuer/Schanze (Hrsg.) 1981, S. 171 ff.

–: Die Eloquenz der Dinge, in: Rhetorica 3 (1985), S. 105 ff.

–: Rhetorica. Aufsätze zur Theorie, Geschichte und Praxis der Rhetorik, Hildesheim 1985.

Kroll, W.: Artikel „Rhetorik", in: Pauly-Wissowa (Hrsg.): Realencyclopädie der classischen Altertumswissenschaft. Suppl. Bd. VII, S. 1039 ff.

Kuentz, P.: Bibliography pour l'étude de la rhétorique, in: XVIIe Siècle 80/81 (1968), S. 133 ff.

–: Le ›rhétorique‹ ou la mise à l'écart, in: Communications 16 (1970), S. 143 ff.

–: Rhétorique générale ou rhétorique théorique?, in: Littérature 4 (1971), S. 108 ff.

–: L'enjeu des rhétoriques, in: Littérature 18 (1975), S. 3 ff.

Kurka, E./U. Stötzer: Die Rhetorik in der Deutschen Demokratischen Republik, in: Sprachpflege 18 (1969), S. 208 ff.

Kurz, G.: Hermeneutische Aspekte der Textlinguistik, in: Archiv f. d. Studium der neueren Sprachen und Literaturen 2/4 (1977), S. 262 ff.

Lachmann, R.: Rhetorik und *acumen*-Lehre als Beschreibung poetischer Verfahren, in: Slavistische Studien zum VII. Intern. Slavistenkongr. in Warschau 1973, München 1973, S. 331 ff.
–: Rhetorik und kultureller Kontext, in: Plett (Hrsg.) 1977, S. 167 f.
–: Rhetorik und Kulturmodell, in: Slavistische Studien zum VIII. Intern. Slavistenkongr. in Zagreb 1978, Köln/Wien 1978, S. 279 ff. (Abdruck).
–: Die Makarij-Rhetorik, in: Rhetorica Slavica 1 (1980).
–: Die *ars rhetorica* des Feofan Prokopovič, in: Rhetorik 2 (1981), S. 75 ff.
Lange, H.-J.: Aemulatio Veterum sive de optimo genere dicendi, Bern/ Frankfurt a. M. 1974.
Lanham, R. A.: A Handbook of Rhetorical Terms, Berkeley 1968.
Lausberg, H.: Handbuch der literarischen Rhetorik, 2 Bde., München 1960.
–: Rhetorik und Dichtung, in: Der Deutschunterricht 18 (1966), S. 77 ff.
–: Elemente der literarischen Rhetorik, München 1967 (1949).
–: Der Johannes-Prolog. Rhetorische Befunde zu Form und Sinn des Textes. in: Nachr. d. Akad. d. Wissensch. in Göttingen, Phil.-Hist. Kl. 1984/5.
LeCoat, G.: The Rhetoric of the Arts, 1500–1650, Bern/Frankfurt a. M. 1975.
Lee, R. W.: Ut pictura poesis: The Humanistic Theory of Painting, in: The Art Bulletin 22 (1940), S. 179 ff.
Leech, G. N.: Linguistics and the Figures of Rhetoric, in: R. G. Fowler (Hrsg.): Essays on Style and Language, London 1966, S. 135 ff.
–: Linguistic Guide to English Poetry, London 1969.
Leemann, H. D.: Orationis Ratio. The Stylistic Theories and Practice of the Roman Orators, Historians and Philosophers, 2 Bde., Amsterdam 1963.
Lerchner, G.: Germanistik und Renaissance der Rhetorik, in: Z. f. Germanistik 5 (1984), S. 324 ff.
Linn, M.-L.: Studien zur deutschen Rhetorik und Stilistik im 19. Jahrhundert, Marburg 1964 (1961).
–: A. G. Baumgartens Aesthetica und die antike Rhetorik, in: Deutsche Vierteljahrsschr. f. Literaturwissensch. u. Geistesgesch. 41 (1967), S. 424 ff.
Littérature: Frontières de la rhétorique. 18 (1975).
Lohff, B.: Hat die Rhetorik Einfluß auf die Entstehung einer experimentellen Biologie in Deutschland?, in: C. J. Scriba (Hrsg.): Zur Entstehung neuer Denk- und Arbeitsrichtungen in der Naturwissenschaft. FS f. H. Schimank, Göttingen 1979, S. 127 ff.
Lüking, B.: Rhetorik und Literaturtheorie, in: Plett (Hrsg.) 1977, S. 45 ff.

Lutz, E. C.: Rhetorica divina: Mittelhochdeutsche Prologgebete und die rhetorische Kultur des Mittelalters, Berlin/New York 1984.
Lyne, J. R.: C. S. Peirce's Philosophy of Rhetoric, in: Vickers (Hrsg.) 1983, S. 267ff.
Maccoby, K.: Die Neue Wissenschaftliche Rhetorik, in: W. Schramm (Hrsg.): Grundfragen der Kommunikationsforschung, München 1970, S. 55ff.
Magass, W.: Homiletik, Rhetorik, Semiotik, Diss. Konstanz 1985.
Mainberger, G. K.: Rhetorica I. Reden mit Vernunft, Stuttgart-Bad Cannstatt 1987.
–: Rhetorica II. Spiegelungen des Geistes, Stuttgart-Bad Cannstatt 1988.
Man, P. de: Allegories in Reading: Figural Language in Rousseau, Nietzsche, Rilke and Proust, New Haven 1979. Deutsche Übersetzung: Allegorien des Lesens, Frankfurt a. M. 1988.
–: Blindness and Insight: Essays in the Rhetoric of Contemporary Criticism, Minneapolis 1983 (1971).
–: The Rhetoric of Romanticism. New York 1984.
Marti, A.: „... die Lehre des Lebens zu hören": Eine Analyse der drei Kantaten zum 17. Sonntag nach Trinitatis von J. S. Bach unter musikalisch-rhetorischen und theologischen Gesichtspunkten, Bern/Frankfurt a. M./Las Vegas 1981.
Martin, J.: Antike Rhetorik, München 1975.
McCroskey, J. C.: An Introduction to Rhetorical Communication, Englewood Cliffs 1982 (1968).
McKeon, R.: The Uses of Rhetoric in a Technological Age: Architectonic Productive Arts, in: L. F. Bitzer/E. Black (Hrsg.): The Prospect of Rhetoric, Englewood Cliffs 1971, S. 44ff.
Metz, Chr.: Sprache und Film, München 1972.
Meyer, U.: Musikalisch-rhetorische Figuren in J. S. Bachs Magnificat, in: Musik und Kirche 43 (1973), S. 172ff.
Morier, H.: Dictionnaire de poétique et de rhétorique, Paris 1961.
Mrazek, W.: Ikonologie der barocken Deckenmalerei. Das Verhältnis von Malerei, Poesie und Rhetorik, Wien 1953.
Mühlmann, H.: Albertis St. Andrea-Kirche und das Erhabene, in: Z. f. Kunstgeschichte 32 (1969), S. 153ff.
Müller, W. G.: Topik des Stilbegriffs, Darmstadt 1981.
Müller-Blatteau, J.: Das Verhältnis von Wort und Ton in der Geschichte der Musik, Stuttgart 1952 (bes. Kap. 3).
Muntaneo, R.: Constantes dialectiques en littérature et en histoire, Paris 1967.
Murphy, J. J.: Medieval Rhetoric, A Selected Bibliography, Toronto 1971.

Murphy, J. J.: Rhetoric in the Middle Ages, Berkeley/Los Angeles 1974.
–: Renaissance Rhetoric. A Short Title Cataloque of Works on Rhetoric Theory from the Beginning of Printing to A. D. 1700, New York/London 1981.
Murphy, J. J. (Hrsg.): Medieval Eloquence, Berkeley/Los Angeles 1978.
–: Renaissance Eloquence, Berkeley/Los Angeles 1983.
Nadeau, R. E.: Basic Rhetoric of Speech Communication, Reading, Mass. 1969
Nembach, U.: Predigt des Evangeliums. Luther als Prediger, Pädagoge und Rhetor, Neukirchen-Vluyn 1972 (1969).
Nichols, M. H.: Rhetoric and Criticism, Baton Rouge 1963.
Nickel, G. (Hrsg.): Rhetoric and Stylistics, Stuttgart 1978.
Nickisch, R. M.: Die Stilprinzipien in den deutschen Briefstellern des 17. Jahrhunderts, Göttingen 1969 (mit Bibliographie).
Nickl, M. M.: Bedarf an Rhetorikforschung, in: Forschungsberichte des Instituts f. Phonetik und Sprachl. Kommunikation der Univ. München 12 (1980), S. 111 ff.
–: Kommentar zur interdisziplinären Rhetorikforschung, in: D. Peschel (Hrsg.): Germanistik in Erlangen, Erlangen 1983, S. 451 f.
–: Journalistik als professionelle Medienrhetorik, in: Publizistik 32 (1987), S. 459 ff.
Norden, E.: Die antike Kunstprosa, 2 Bde., Darmstadt 1958 (1898).
Ockel, E.: Martin Luther und die rhetorische Tradition, in: Muttersprache 94 (1983), S. 114 ff.
Ostheeren, K.: Theorie und Praxis einer generativen Rhetorik, in: Anglia 97 (1979), S. 439 ff.
–: Konzepte strukturalistischer und generativistischer Rhetorik, in: Z. f. Literaturwiss. u. Linguistik 11 (1981), S. 133 ff.
Otto, G.: Predigt als rhetorische Aufgabe: Homiletische Perspektiven, Neukirchen-Vluyn 1987.
Perelman, Ch.: Das Reich der Rhetorik, München 1980 (1977).
Perelman, Ch./L. Olbrechts-Tyteca: La nouvelle rhétorique. Traité de l'argumentation, Paris 1958.
Plett, H. F.: Einführung in die rhetorische Textanalyse, Hamburg 1971.
–: Rhetorik der Affekte. Englische Wirkungsästhetik im Zeitalter der Renaissance, Tübingen 1975.
–: Textwissenschaft und Textanalyse. Semiotik, Linguistik, Pragmatik, Heidelberg 1975.
–: Perspektiven der gegenwärtigen Rhetorikforschung, in: Plett (Hrsg.) 1977, S. 9 ff.
–: Die Rhetorik der Figuren, in: Plett (Hrsg.) 1977, S. 125 ff. (Teilabdruck).

–: Rhetorik, Stilmodelle und moderne Texttheorie, in: Göttingische Gelehrte Anzeigen 230 (1978), S. 272 ff.
–: Texte und Interpretationen. Zum Forschungsstand von Rhetorik und Poetik der englischen Renaissance, in: Göttingische Gelehrte Anzeigen 237 (1985), S. 77 ff.
Plett, H. F. (Hrsg.): Rhetorik. Kritische Positionen zum Stand der Forschung, München 1977.
Podlewski, R.: Rhetorik als pragmatisches System, Hildesheim/New York 1982.
Prakke, H.: Die Lasswell-Formel und ihre rhetorischen Ahnen, in: Publizistik 10 (1965), S. 285 ff.
Quadlbauer, F.: Die antike Theorie des *genera dicendi* im lateinischen Mittelalter, Wien 1962.
Quasthoff, U.: Soziales Vorurteil und Kommunikation, Frankfurt a. M. 1973.
Rehbock, H.: Artikel „Rhetorik", in: Lexikon der Germanistischen Linguistik. Bd. 2, Tübingen 1980, S. 293 ff.
Richards, J. A.: The Philosophy of Rhetoric, New York/London 1936.
Richter, G.: Rhetorische Wirkungsforschung, Leipzig 1978.
Rotermund, E.: Affekt und Artistik. Studien zur Leidenschaftsdarstellung und zum Argumentationsverfahren bei Hofmann von Hofmannswaldau, München 1972.
Rothermund, J.: Der Heilige Geist und die Rhetorik, Gütersloh 1984.
Ruegg, M.: Metaphor und Metonymy: The Logic of Structuralist Rhetoric, in: Glyph: Textual Studies 6 (1979), S. 141 ff.
Rupp, G.: Rhetorische Strukturen und kommunikative Determinanz: Studien zur Textkonstitution des philosophischen Diskurses im Werk F. Nietzsches, Frankfurt a. M./Bern 1976.
Sanders, W.: Linguistische Stiltheorie, Göttingen 1973.
Schanze, H.: Romantik und Rhetorik, in: Schanze (Hrsg.) 1974, S. 126 ff.
–: Rhetorik und Literaturwissenschaft, in: Plett (Hrsg.) 1977, S. 62 ff.
Schanze, H. (Hrsg.): Rhetorik. Beiträge zu ihrer Geschichte in Deutschland vom 16.–20. Jahrhundert, Frankfurt a. M. 1974.
Schering, A.: Die Lehre von den musikalischen Figuren, in: Kirchenmusikalisches Jahrbuch 21 (1908), S. 106 ff.
–: Die Lehre von der musikalischen Findekunst „ars inveniendi", in: W. Gurlitt (Hrsg.): Das Symbol in der Musik, Leipzig 1941, S. 49 ff.
Schiaffini, A.: Rivalutazione della retorica, in: Z. f. Romanische Philologie 78 (1962), S. 503 ff.
Schmidt-Brüggemann, W.: Topica universalis. Eine Modellgeschichte humanistischer und barocker Wissenschaft, Hamburg 1983.

Schmitterer, P.: Zur Vorgeschichte der Kommunikationstheorie, in: Sprachwissenschaft 6 (1981), S. 186 ff.

Schmitz, A.: Die Bildlichkeit der wortgebundenen Musik J. S. Bachs, Mainz 1950.

–: Die oratorische Kunst J. S. Bachs. Grundfragen und Grundlagen, in: H. Albrecht u. a. (Hrsg.): Bericht über den Internat. Musikwiss. Kongreß in Lüneburg 1950, Kassel/Basel 1951, S. 33 (Abdruck).

–: Die Figurenlehre in den theoretischen Schriften J. G. Walthers, in: Archiv für Musikwissenschaft 9 (1952), S. 79 ff.

–: Artikel „Figuren, musikalisch-rhetorische", in: Musik in Geschichte und Gegenwart 4 (1955), S. 176 ff.

Schnell, U.: Die homiletische Theorie Philipp Melanchthons, Berlin/Hamburg 1968.

Schreckenberger, W.: Rhetorische Semiotik, Freiburg/München 1978.

Schumann, H. G.: Ideologiekritische Rhetorikforschung als interdisziplinäre Aufgabe, in: Schanze (Hrsg.) 1974, S. 199 ff.

Schwarz, J./J. A. Rycenga (Hrsg.): The Province of Rhetoric, New York 1965.

Scott, R. L./B. L. Brock: Methods of Rhetorical Criticism, New York 1972.

Seefeldt, Ch. W.: Fifteen Years of the Rhetoric Society Quarterly: A Bibliography of Bibliographies, in: Rhetorik 6 (1987), S. 173 ff.

Sieveke, F. G.: Eloquentia sacra, in Schanze (Hrsg.) 1974, S. 43 ff.

–: Topik im Dienst poetischer Erfindung, in: Jahrb. f. Internat. Germanistik VIII (1976), S. 17 ff. (Teilabdruck).

Smith, M. J.: Persuasion and Human Action, Belmont 1982.

Sonnino, L. A.: A Handbook to Sixteenth-Century Rhetoric, London 1968.

Spencer, J. R.: Ut rhetorica pictura. A Study in Quattrocento Theory of Painting, in: Journal of the Warburg and Courtauld Institutes 20 (1957), S. 26 ff. (Abdruck).

Spillner, B.: Linguistik und Literaturwissenschaft. Stilforschung, Rhetorik, Textlinguistik, Stuttgart 1974.

–: Das Interesse der Linguistik an Rhetorik, in: Plett (Hrsg.) 1977, S. 93 ff.

Spindler, W.: Das Verhältnis zwischen Wort und Ton in den Kantaten J. S. Bachs, Erlangen 1973.

Sprache im technischen Zeitalter: Zur Rhetorik der Werbung 42 (1972).

Steinmann, M. (Hrsg.): New Rhetorics, New York 1967.

Stil und Überlieferung in der Kunst des Abendlandes. Bericht über den 21. Intern. Kongreß für Kunstgeschichte. Bd. 3, Berlin 1967, S. 169 ff. (Rhetorik und Kunsttheorie).

Stolt, B.: Studien zu Luthers Freiheitstraktat, Stockholm 1969.
–: *Docere, delectare* und *movere* bei Luther, in: Deutsche Vierteljahrsschr. f. Literaturwiss. u. Geistesgesch. 44 (1970), S. 433 ff. (Teilabdruck).
–: Wortkampf. Frühneuhochdeutsche Beispiele zur rhetorischen Praxis, Frankfurt a. M. 1974.
Stötzer, U.: Die deutsche Redekunst im 17. und 18. Jahrhundert, Halle 1962.
Swiners, J.-L.: Problèmes du photojournalisme contemporain, in: Techniques Graphiques 57/59 (1965).
Todorov, T.: La rhétorique aujourd'hui, in: Le Français Aujourd'hui 25 (1974), S. 19 ff.
–: Littérature et signification, Paris 1967.
Touber, H.: Rhetorik und Form im deutschen Minnesang, Diss. Utrecht 1964.
Toussaint, G.: Die Anwendung der musikalisch-rhetorischen Figuren in den Werken von H. Schütz, Diss. Mainz 1949.
–: Rhetorik des Schreibens, Königstein 1985.
Ueding, G.: Einführung in die Rhetorik, Stuttgart 1976.
Ueding, G./B. Steinbrink: Grundriß der Rhetorik, Stuttgart 1986.
Unger, H. H.: Die Beziehungen zwischen Musik und Rhetorik im 16. bis 18. Jahrhundert, Hildesheim 1969 (1941).
Valesio, P.: Novantiqua. Rhetorics as a Contemporary Theory, Bloomington 1980.
Varwig, F. R.: Der rhetorische Naturbegriff bei Quintilian, Heidelberg 1976.
Vasoli, C.: Rhetorica rediviva, in: Problemi 32 (1972), S. 78 ff.
Veit, W.: Toposforschung, in: Deutsche Vierteljahrsschr. f. Literaturwiss. u. Geistgesgesch. 37 (1963), S. 120 ff.
Il Verri: Istituzioni e la retorica 35/36 (1971).
Vickers, B.: Classical Rhetoric in English Poetry, London 1970.
–: Bibliography of Rhetoric Studies 1970–1980, in: Comparative Criticism: A Yearbock 3 (1981), S. 316 ff.
–: figures of rhetoric/figures of music?, in: Rhetorica 2 (1984), S. 1 ff.
Vickers, B. (Hrsg.): Rhetoric Revalued, Binghamton 1983.
Viehbrock, H./H. J. Schild (Hrsg.): Rhetorik und Weltpolitik, Wiesbaden 1974.
Volkmann, R.: Die Rhetorik der Griechen und Römer, Hildesheim 1963 (1885).
Völzing, P. L.: Argumentation. Ein Forschungsbericht, in: Z. f. Literaturwiss. u. Linguistik 10 (1980), S. 204 ff.
Wackernagel, W.: Poetik, Rhetorik und Stilistik, Halle 1873.

Weinberg, B.: A History of Literary Criticism in the Italian Renaissance, 2 Bde., Chicago 1962.
Weithase, I.: Zur Geschichte der gesprochenen deutschen Sprache, 2 Bde., Tübingen 1961.
Winkler, Chr.: Elemente der Rede. Die Geschichte ihrer Theorie von 1750 bis 1850, Tübingen 1974 (1931).
Wuellner, W. H.: Der Jakobusbrief im Lichte der Rhetorik und Textpragmatik, in: Linguistica Biblica 43 (1978), S. 5 ff.
Zeitschrift für Literaturwissenschaft und Linguistik: Perspektiven der Rhetorik 11 (1981).

Zeitschriften

Argumentation. An International Journal on Reason. 1. 1987.
Philosophy and Rhetoric (Hrsg. E. D. P. Varene). 1. 1968 ff.
Pre/Text. An Inter-Disciplinary Journal of Rhetoric. 1. 1980 ff.
Publizistik. Z. f. Wissenschaft von Presse, Rundfunk, Film, Rhetorik, Öffentlichkeitsarbeit, Werbung, Meinungsbildung. 1. 1956 ff.
Quaderni de Retorica e Poetica (Hrsg. F. Cadoni). 1. 1986 ff.
Quarterly Journal of Speech (Speech Communication Association). 1. 1915 ff.
Rhetoric Society Quarterly (Rhetoric Society of America). 1. 1968 ff.
Rhetorica. A Journal of the History of Rhetoric. 1. 1983 ff.
Rhetorik. Ein Internationales Jahrbuch. 1. 1980 ff. (ab 3. 1983 mit regelmäßiger Bibliographie).
Speech Monographs (Speech Communication Association). 1. 1934 ff.
Sprache und Sprechen (Deutsche Gesellschaft für Sprechwissenschaft und Sprecherziehung). 1. 1968 ff.

SCHLAGWORTREGISTER